俊榮
佳蓉 兄嫂惠存：

愛是美善的動力

12-17-06

文學叢刊

李彥禎著

有愛無淚

文史哲出版社印行

國家圖書館出版品預行編目資料

有愛無淚/ 李彥禎著. -- 初版. -- 臺北市：文史哲, 民95

頁： 公分. --（文學叢刊；185）

ISBN 957-549-682-5 (平裝)

855　　95011874

文學叢刊 185

有愛無淚

著　者：李　彥　禎
出版者：文史哲出版社
http://www.lapen.com.tw
登記證字號：行政院新聞局版臺業字五三三七號
發行人：彭　正　雄
發行所：文史哲出版社
印刷者：文史哲出版社
臺北市羅斯福路一段七十二巷四號
郵政劃撥帳號：一六一八〇一七五
電話886-2-23511028・傳真886-2-23965656

實價新臺幣二八〇元

中華民國九十五年（2006）七月初版

ISBN 978-957-549-682-1
ISBN 957-549-682-5

謹將本書呈

獻給

已在天國　我深愛的父母

自序

感謝上帝，讓我在進入晚年時，身體還健康，手腳還靈活，生活也安定，精神又愉快，而最重要的是，思憶還清晰，使我能把在台灣生活二十多年，美國打拼三十多年間，所見所聞所觸最生動，最有趣的故事順利地寫下來，與讀者分享。

故事中的人物除了一些特殊超凡外，絕大多數是生活在我四周平凡的人。但她們都有一個共同的特徵，即她們都有一些不平凡又極感人的故事，讓人讀來感到溫馨又可佩。故事中的人，有些已魂歸西天，但她們的嘉行懿德深入我心，再活現在讀者心中。

我喜歡旅遊，因爲旅遊不但能怡情益智，多識風土人情，而且帶來無窮驚奇刺激。書中幾篇遊記，就具有這種特性。相信讀者會喜歡。

我自認是有正義感的人。對善行義舉，多加稱譽鼓勵。而對不公平的事，總忍不住要「嗆聲」。對漸步入歧途懸崖的人，也不免惋惜驚嘆，盼望她們省悟回首。對她們我只有「恨鐵不成鋼」的心情，而不存任何仇恨，仇恨也不容易在我心中生根。我心中常有的是「悲憫愛惜」。這是我寫作的動力。

本書的出版，可說是「無心插柳，而柳成蔭」。當初提筆寫文章時，是憑一時「食好鬥相報」的「家婆心」。根本沒寫書的打算。因此，文章寫完後，就隨手亂丟。後來越寫越多，多到有人向我提醒可以出版了，我才警覺起來。但如何出版我一點概念也沒有。後來大概是耶穌向佛陀商量，才把我平生不識的佛學大作家劉欣如先生從加州送到北卡來。（一位那麼虔誠的佛教徒該不會無緣無故跑到我們「台福教會」來作禮拜，而且剛好坐在我前面。會後我們一談如故。這如不是神的安排，是什麼？）劉先生出版過五十多本佛教書籍，出版的經驗很多。經他的熱心的指點及幫忙，才把原來雜亂無章的「醜小丫」變成美麗的「新婦」呈現到衆人面前來。眞是奇妙又感激。

此外，我還得感謝我的另一半--張由吏。沒有她的諒解及支持，我是無法在繁忙的事業中「偷閒」寫文章。沒有她特好的記憶力，及適時的提醒，我的文章可能「遺珠」失輝不少哩！

1

李進定和林月鶯夫婦鑽石婚紀念照

祖孫兩缺牙，文見 p. 30。—“含飴弄孫”

我們北歐、蘇俄的旅行團。
——“小心扒手”

邱勝典、洪秀蘭夫婦，及筆者夫婦，文見 p. 121。——“成功不是天掉下來的”

我們就是乘這條船上亞馬遜河，文見 p. 82。“亞馬遜河歷險記”

不怕死的八壯士（從左至右）：剛過世的廖國仲（僑務委員）、筆者、彭良治（紐約台灣商會會長）、陳碧美、楊秋香、廖貴卿、陳黃素娥、郭來哲，文見 p. 82。—“亞馬遜河歷險記”

筆者夫婦於阿拉斯加，文見 p. 107。——“空難驚魂”

從左至右：涂惠玲、陳育賢、張由吏、周秀珠、鍾維澄、李彥禎，文見 p. 116。——“美加東六人行”

David Martin，文見 p. 217。— “老而彌堅”

Jeff, Darcy（剛領養）Wendy, Tess, Chase, Jonathan，文見 p. 44。— “領養記”

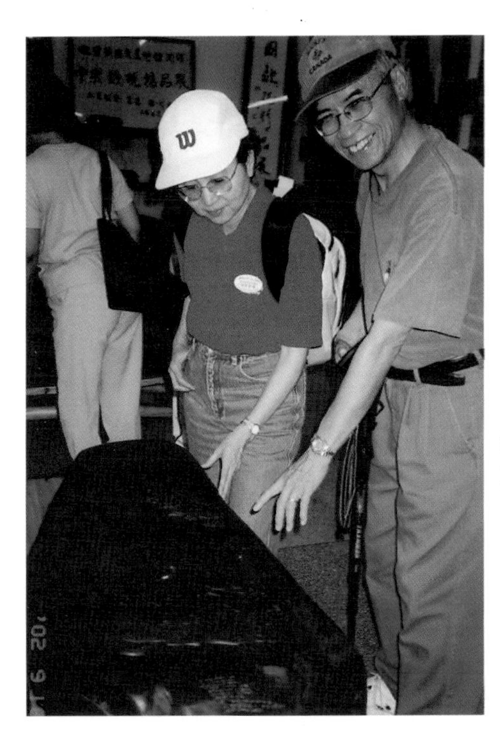

鍾和安、王采珠，
文見 p. 226。——
“鍾「跛」士”

黃山的挑夫，
文見 p. 111。

從前排中順時鐘：Tess、Jonathan、Calen、Michael、Chase、Kevir，文見 p. 192。—“我成「公」了”

從左至右：許綉美、黃英男、盧淑華（中坐）、張由吏、范正彥盧之丈夫、筆者。後排：陳慶榮、林霜瑜。盧淑華參加兒子 Billy 的婚禮後一星期便逝世了。文見 p. 223。—“一位可敬的朋友”

紀浮茸（岳母）、張由吏（太太）、張維詳（岳父），文見 p. 2。——“岳母的故事”

1984 夏，筆者全家四人拜訪吳婉兒（前排中）及她的媽媽、阿姨，四、五個月後她便撒手人寰，年僅四十，文見 p. 125。—“悲壯瀟灑的人生”。

有愛無淚　目錄

自序 …… 一

愛與寬恕

岳母的故事 …… 二

有愛無淚 …… 六

勇者的畫像 …… 一六

生活情趣感想

錢筒仔——阿公的心意 …… 二四

抱得起　放得下 …… 二七

含飴弄孫的新解 …… 三〇

姓名的性別 …… 三五

談宗教……三七
談「婚姻」……三九
恐怖的善意……四一
領養記……四四
愛的化身……四八
膽小的好人……五〇
偉哉！E-Hikers……五三
開　悟……五六
回頭草……五八
大血拚……六一
人生的第一課……六五
人性的差距……六九
人生轉捩點……七三
離不離？理不理？……七八

旅遊歷險

亞馬遜河歷險記……陳黃素娥……八二

空難驚魂……九〇
「意外」之旅……九九
遊「拉斯維加斯」有感……一〇七
黃山的挑夫……一一一
美日東六人行——一隊觀光團變成美食團的記趣……一一六
成功不是天上掉下來的……一二一
瀟洒悲壯的人生……一二五
初「文」難忘……一三〇
綁肉粽……一三四
阿財兄　阿財嫂　對話集……一三八
台灣人大家來作伙……一四一
民族生存要素……一四四
「情」獸不如……一四七
巧言妙喻話選舉……一五一

台訊

一九七九~八〇年的北卡台灣同鄉會及「台訊」的創刊……一五六

最佳演員、最佳推銷員……一五九
呷好相報……一六二
從一包「美滋奶餅乾」說起——敬悼 盧淑華……一六四
一切都是愛……一六七
阿財兄 阿財嫂……一七一
要做厝頭家 不做厝奴才……一七四

磐　石

禍兮，福兮，談福蘭風災……一七八
生命的強者……一八二
生命的機緣……一八六
生命的火花……一八九
我成「公」了！……一九二
蔡茂堂牧師也是醫師的故事……一九六

時事評論　不平則鳴

也談扁宋會……二〇二

奇怪的心態……二〇五
敢做就要敢擔當——也談游月霞、李慶安……二〇八
施明德 敬請歸隊……二一一
不必與小丑共演醜劇——論「評鑑」張富美吊車尾……二一四
大衛馬丁 老而彌堅……二一七
一位可敬的朋友……二二三
鍾「跛」士……二二六
好花當開……二三二
智慧語絲……二四〇

愛與寬恕

岳母的故事

轟動全台的〈阿信的故事〉固然很動人，但對我來說卻沒有比〈岳母的故事〉更親切感人，因爲我認識她已三十多年了。

岳母一生多苦多難又多彩多姿的命運，好像她未出生前便已開始了。原來她的祖父是南投山裡一小村莊的村長。有一天禍從天降，一樟瑙公司的職員在村裡被殺害，日本政府一口咬定是村裡的人幹的，要他們三天出兇手，否則他們便來村裡一天抓一個人。岳母的祖父是純樸的農人那裡去找兇手？何況就算抓到兇嫌他也不敢交出去，因爲此人一定不分青紅皀白被活活打死。他據理以爭，日本人不但不買帳，還揚言第一個先到他家抓人。在期限屆滿前，她祖父突然告訴日人那兇嫌將在某天某時在某地出現；日本人信以爲眞，就在那人出現時把他伏擊斃死，驗身一看才知道是村長效吳鳳犧牲自己了。

岳母的苦難是在她上國小五年級開始。因山裡小學僅到四年級爲止，於是她跟隨新婚不久的長兄到附近的小城住。她嫂嫂雖年紀輕輕又長得不錯，但她的心腸毒辣刻薄，確是岳母一生夢魘的開始。每天她長兄一出門，大嫂馬上把一大堆衣服推給她洗，如洗不完就不要去

上課；如洗不好，中午就不要吃飯。她年小力弱常常洗到上課的時間快到還沒有洗完。爲趕上上課時間，她得抄近路走上深谷上的〔糖廠甘蔗鐵枝路〕，谷深有二三丈，鐵道長二三十公尺。每次她連走帶爬的過鐵道時，附近的農民都要尖聲叫她〔戇囝仔勿驚死〕，她也常常沒午飯吃，但她怕別人知道，總找個角落面對空便當盒假裝在吃飯。下午她要早點回家，以便嫂嫂隨時差她去店裡買東西，或幫做家務。她嫂嫂沒打過她，但每天找事罵她，不給她好顏色。她沒有少女的歡樂或夢幻，她有的是戰戰競競及流不完的淚。不敢向長兄及家人說，因爲怕失去上學的機會。有一次她長兄聽到一些風聲而問她，嚇得她連聲否認；並事後跪在嫂嫂面前鄭重發誓絕不是她說出去的。

岳母身高不及五呎，生得秀氣又文弱，但她吃苦能耐，處事堅毅，恐怕一般大男人也比不上。她結婚第三年要生第二胎時，她先生請假在家等她生，卻久等不生而大發雷霆。岳母說生小孩是她的事，請他儘管去上班出差。她先生走後不久，她開始陣痛，她一聲不響拿著兩個水桶往外走，她挑水回來後燒火把水燒開；再把剪刀放進去煮，她又拿一把鐵鎚把長釘敲進牆裡把時鐘掛上，然後哄著二歲的女兒去睡覺。把一切安排妥當後，再抓一隻高腳的椅子放在胸前，兩手緊緊抓住椅腳用力催生。經過一番死去活來的掙扎後，小孩終於〔哇一聲〕落地了。她在同一瞬間望著時鐘記下時刻，然後起身剪臍帶，紮肚臍；把自己及嬰兒清洗乾淨並換上乾淨的衣服。眞是謝天謝地母女平安，順利；否則我就娶不到這個太太了。

岳母一生共六女二男，其中一男一女早夭，岳母常自嘲說：〔眞歹勢，人越窮，孩子生

越多。」岳父是縣政府的建設課長，照一般人的看法，他的職務一定﹁甜頭﹂﹁外路﹂多。那知道他生性耿直木訥，賺錢沒比人多，苦頭卻吃不少，最後被排擠調職到山地裡當﹁番王﹂。幸好，子女個個爭氣，功課好又乖，獲得不少獎學金，生活雖清苦但勉強還過得去。可惜，小孩越大，消費越高，尤其考大學後學費全無著落，有些﹁好心﹂的商人要求岳父﹁合作﹂，岳母的長兄也表示願意分一份祖產給她，但他們統統回絕他們的好意。眼見開學在即，仍無一點進展，岳母毅然決然趁先生去上班時偷偷出去打工幫傭。她這樣做是冒很大的險，因爲她先生認爲向人借錢或幫傭賺錢是非常丟臉的事。因此，岳母必須很小心掩飾才不會露出破綻來。但當一個人倒霉時，不幸的事就常常臨頭。有一天，岳母急著回家煮飯時被一輛機車撞倒差點掉進河裡去。她雖沒受重傷，但她的﹁祕密﹂卻曝光了。從此家無寧日，他們每天幾乎爲﹁列不完﹂的問題爭吵。岳父脾氣暴烈，有時失緒把岳母打得遍體鱗傷；但岳母爲維護工作神聖的信念及堅決不讓子女失學而誓死不退。幸好她的堅持，她的子女才能受到良好的教育，我才有這樣賢慧的妻子幫我在美國開五個店，養不少人。

岳母於一九七二年帶我兩個稚兒來美時已五十多歲，連一個﹁豆菜芽﹂都不識。她不畏堅難從字母學起，再學單字；後來她成爲每個孫子的英文字母的啓蒙師，也會跟鄰居及後來的同事寒暄幾句。她在台灣時很少出門，但是幾個分遍在不同州的子女使她來美後到處走。她不但上山下海，而且坐雲霄飛車，雪坡上滑溜板，使許多年輕人自嘆不如。有人問她爲什麼那麼不怕死？她總笑著說已﹁死過好幾次了，這不算什麼！﹂岳母自稱是﹁勞碌命﹂，早

上一睜開眼睛便一直忙到晚上睡覺才止。在美國二十多年間，除了看顧八個孫子外，她偶而也到農場或中餐館打工。她認眞拚命工作的作風常使老闆，同事逼她停下來休息。她賺了錢不爲自己添一件美服或奢侈品，她說穿了好睡衣晚上睡不好；打扮化粧使她混身不自在，乾脆什麼都不要，順其自然最好。可是她上餐館給的小費多得讓一些富人臉紅，而捐款助人更是大方得叫主辦人主動要退些款給她，以免人家認爲剝削老人的棺材本。

岳母已年近八十了，有人勸她早日信教以免死後下地獄，岳母總笑哈哈說：「我已滾過地獄，要回去也沒人要。」岳母一生吃過不少苦頭，大凡人間的苦難她都嚐過。她能夠在後半生走入佳境，全賴於她有顆善良寬宏的心，勤儉堅忍的精神，以及豁達進取的人生觀，像這樣的人不上天堂，誰上？

——原載於一九九六年一月《台灣海外文藝》

有愛無淚

在漫長的人生當中，有時會遭遇到非常無奈、無助的環境。如何化凶為吉、化險為夷是需要很大的智慧、勇氣、愛心及運氣。

如果說人生就是旅遊，那麼，我夫妻的現況是名副其實的「生之旅」了。五年來，我們每星期五天，在北卡Cary及Durham間三十多哩來回奔馳。為避免擁擠的四十號州際公路，我們選擇兩城間的鄉村小路。這道路是我們在美三十年所走過最令人心曠神怡、永誌難忘的一條。

道路兩旁除了蒼松勁林、紅花綠草外，有牧場、農田、花圃、小巧的池塘、寧靜的溪湖。徜徉其間有安祥的牛羊馬，各色各類的飛禽。景物隨四季的輪換而千變萬化。穿梭其間就像在景色優美的公園漫步遊覽，是一大享受。妻常說：「在途中睡個覺也滿過癮的。」

的確，人生有什麼比一大清早坐在舒服的汽車中，打開窗戶，在柔和的輕音樂及涼風中，躺在知心人身旁，搖搖晃晃睡個小覺更幸福的呢？五年來，在這條路上我們所看到都是快樂、幸福的一面，從沒想過還有可歌可泣、悲壯的一面，直到最近……。

幾個月前的一個早晨，車子經過五十五公路交叉點不遠的六十四公路上，妻忽然驚叫一聲：「什麼時候這裡豎了一個小十字架？這裏什麼時候發生過致命的車禍？」

我隨著妻的手指望去，看見路邊的斜坡上有一個約二呎高的十字架，旁邊有一束鮮花。我說可能是最近才發生的。但也可能發生已有一陣子了，因爲這裏剛好是斜坡的開始，車子開過不容易發現。但很奇怪，這裏是單行道，又沒有交叉口怎會發生車禍呢？

此後，我們經過那裏總不約而同向十字架投上一眼。只見十字架旁的花幾天就換一次。可見有「傷心人」常來這裏憑弔。這是誰？與逝者的關係如何？我們的好奇心越來越重。但越想看卻越看不到。眞叫人心急。

今年四月中的一個早晨，因工作特別忙碌，我們就特別提早去上班。就這樣，我們意外看見她，不但看見她，我們還向她揮揮手，她也手中拿著花向我們揮舞。她看起來約四、五十歲，長得滿端莊、和氣的白人婦女。我們猜逝者可能是她先生，否則她怎麼會獨自一個人來？

以後又看見她時，都只看到她一個人而已。使我們益發覺得我們的猜測是對的。但奇怪的是，我們最後見到她時身邊都有一隻大黑狗、二隻黑白相間的小狗陪伴著。此後，我們未見她再出現，以爲她們訪墓的時間改了或搬走了。

「無巧不成書」，有一天我到附近的一家超級市場購物。當車停好，走出了車子，就赫然看見那位讓我們「思思念念」的婦女及三隻顯目的黑白狗。那婦女正在打開窗戶讓空氣進

去，以免三隻狗在車內太熱。她一面調整窗的高度，一面像哄小孩那樣地跟牠們講話：「媽咪進去買一些你們喜歡的食物。你們乖乖坐在這裡等，媽咪很快就回來。」那三隻狗像懂事的小孩，乖乖地坐著，望著她。

我認爲這是千載難逢解謎底的機會。於是趕緊跟著她，問她是否就是我在六十四公路邊所看見在十字架旁插花的人？她回眸一笑說：「我就是」。然後我們握手自我介紹。她說她叫 Susan，她是爲車禍過世的獨生子插花的。我聽了既感意外又傷心。

「他一定還很年輕？」我問。

「是呀！他才大學畢業，工作不到半年。」她答。

「據我所知，出事地點是雙線單向道，除了地勢稍微起伏外，沒有岔路，怎麼會發生車禍呢？」

她嘆了一口氣說：「不但我，連警察都不能確定眞正導致車禍的原因。因爲路面除了一道緊急煞車的痕跡及路邊被翻滾的汽車壓扁的小草灌木外，再也查不出什麼原因。有人說他一定急著閃避什麼而造成失控。又說一定是閃避動物不是人。因爲如果是人，那人沒受傷一定會停下來救助或報警。但出事後一直沒這類人出現。所以，他閃避的很可能是動物。」

Susan 停頓一下再說：「我的兒子 Edward，從小就很寵愛動物。家裡飼養各色各類的魚、鳥、小動物，甚至甲蟲之類的昆蟲。他一天到晚跟牠們『做堆』，給牠們東西吃，跟牠們講話、遊戲。牠們之中如有受傷或生病，他就急得團團轉爲他們療傷或送醫。他不准任何人殺

害蟑螂、蒼蠅、蚊子，只准趕走牠們。如果他的寵物死了，他就傷心落淚地爲牠們舉行隆重的喪禮。如果來拜訪的客人對他的寵物有『不敬、粗暴』的行爲，他馬上挺身而出保護他的『弱小民族』。」

「他常說，動物的智力、手腳都沒人類兩麼高、靈活，又不會講話，實在已夠可憐了。人類不但不憐憫牠們反而要欺凌牠們，打殺牠們，眞是豈有此理！他從小就痛恨釣魚，他認爲人類爲樂趣，而讓魚上鉤掙扎實在太殘忍、自私了。從他自小時候就對動物的愛心看來，他會冒生命的危險去拯救動物，我一點也不感到意外。」

「這裡鹿、兔等野生動物出沒頻繁，會不會就是牠們？」我問。

Susan 在水果攤上揀了一些新鮮的蘋果放到推車上繼續說：他，從小就不吃肉，所以，我也變成素食者。」她笑了一下再說：「我最初也跟你及其他多數人的看法一樣，認爲是鹿、兔之類的動物。但經過我幾個月的觀察、思考後，斷定不是牠們，而是一隻大腹便便懷了孕的黑狗。」

我似有所悟地說：「是不是就是妳車子的那隻黑狗？」

Susan 點頭說：「就是牠，就是 Elaine，我第一次去豎十字架插鮮花時，就看到牠遠遠站著向我望。我以爲它是附近人家養的狗，沒多大注意。但連接二、三次都看到牠，就感到奇怪。我試著要牠走近來，但牠很猶豫，並低聲嗚咽著。我走向牠，牠卻一溜煙跑掉了。此後，幾個星期我沒再看到牠。有一天早上我再去『墓園』時，卻看到 Elaine 趴在十字架前，旁邊

有二隻黑白相間的小狗正在吃奶。」

「Elaine 帶著恐懼、憂傷的眼光看著我，但身體卻不動。我走近一看，看到牠的嘴角有鮮血，前左腳有一條很長裂傷，上面仍有血的痕跡。我驚叫著，但不敢貿然靠近，因爲母狗最不喜歡陌生人靠近牠的小狗。我試著很溫和，輕聲地向牠講話。再拍拍牠的頭，摸摸牠的小狗。看樣子牠很信任我，於是我審視牠的傷口，並用我帶去澆花的水洗滌牠的傷口。

看樣子牠是經過一場打鬥來的。牠的傷勢不輕，需要馬上治療否則可能惡化。牠身上沒帶狗牌，渾身泥髒，很可能是迷路或遭遺棄的狗。如沒得到即刻的照顧，不但本身生命難保，恐怕那兩隻嗷嗷待哺的小狗也要遭殃了。」

「我匆匆忙忙把鮮花揷在十字架旁，便帶著牠全家三口直奔醫院了。幸好醫治得宜，Elaine 很快恢復健康，David 及 Angela 也長得更活潑、可愛了。現在我們一家四口相依爲命。白天我上班牠們看家。傍晚我們一起出去散步，週末到附近公園或海邊玩玩。

有牠們的陪伴，我的憂傷減少了，歡樂增多了。許多朋友鄰居說自從三位『天使』蒞臨我家後，我整個人變得更開朗了。」說著她把狗食大包小包從架上取下，我忙著幫她放進推車裡。

「妳還有沒有證據證明 Edward 閃避就是爲拯救 Elaine？」Susan 轉過頭來瞪著說：「說起來很玄。Edward 過世後，我一直沒夢到他。但自從我把 Elaine 等帶回家後，我連續好幾晚夢見 Edward 來向我道謝，並夢見他與牠們在地上玩得很開心。就是我已過世的丈夫都在夢

裡向我恭喜，說我做得對。」

我很驚訝地問：「妳的丈夫也過世了？難怪我都未見過他。」

Susan 躊躇了一下才緩緩地說：「我本不想再說，免得引起太多痛苦的回憶。他也是車禍死的。是當他在路邊替人換輪胎時，被一位剛拿到駕駛執照的年輕人從後面撞傷，在往醫院途中傷重而死。聽救護人員說那闖禍的青年一直痛哭流淚守住我丈夫，並請求原諒。說他剛低下頭調整收音機，並未注意車子出了線而撞上我丈夫。我丈夫在瞑目之前，曾握著青年人的手原諒他，並希望他日後能常幫助別人。」

聽到這裡，我開始怨天尤人地說：「上帝太不公平了。怎麼這樣的好人會有這樣悲慘的下場？」

「我當初的想法就是跟你一樣」，Susan 一面推著車走向櫃台的行列，一面說：「也就是我把丈夫埋葬不久，就離開傷心地——德州的原因。但經過一、二十年生活的歷練、反省之後，我的想法已大大的改變。當年我雖在法律上寬恕那青年，讓他的刑罰降到最低，至內心的怨恨卻一直不能消除。那青年常在過年過節寫或送花給我。告我他如何懺悔、如何發憤用功、如何上醫學院、如何在課餘去做義工幫助不幸的人，後來如何成爲有名開心臟手術的專家，並爲履行他對我丈夫的承諾，有時日夜不休地努力工作，爲人服務。但我全不爲所動，認爲他的成功與我無關，而且無論他如何成功也無法抵消他的罪行所造成的損失。我要他帶罪受苦直到他生命的終結，但人算不如天算，Edward 的死，使我一切改觀。」

「是有神蹟出現？」我插口說。

Susan 抬起頭，眼睛一亮地說：「是呀！眞是神蹟出現。因在 Edward 過世的第二天中午，鄰居 Mary 帶來一位皮膚白皙高大，面容憂愁、憔悴，四十多歲的男人。Mary 介紹他叫 Frank，我一聽到是殺死我丈夫的人的名字，我心裡著實一征。但由於當時心情太紊亂，虛弱的我沒什麼表示，只呆呆地站在那邊。

Mary 繼續說她很抱歉一直沒告訴我，她認識 Frank，並時常告訴他我的近況。她說幾年前她有一個親戚到 Houston 去做心臟手術，執刀者就是 Frank。當 Frank 知道她是從 Cary 去的，他馬上就打聽我的消息，她告訴他我就是她的鄰居。他非常興奮，一有空便找她問東問西，而話題總是圍繞著我。她問他爲什麼那麼關心我，他要求她要絕對守祕密他才告訴她。她答應了。

當她聽到 Edward 車禍過世馬上通知他。他當時正爲一位病人做重大手術十多小時而無法脫身。等手術完成，交代好後，便搭第一班飛機從 Houston 飛來。除了在飛機上睡了一、二個小時外，他已二、三十小時沒睡了。Frank 見我一直一言不發站在那裡，以爲我還在生他的氣。他說不管我是否接納，他是鐵定賴著不走，直到把 Edward 的喪事辦妥，並把我安頓好才走，說完就和 Mary 辦起事來。

他們連絡殯儀館、警察局、醫院、保險公司、教會等等。第二天早晨有一位女士帶著一束鮮花來，並說她是 Frank 聘她來清理房子，準備餐食並看顧我。稍後 Frank 及 Mary 來了。

Frank 除了向我問安外，還替我量脈搏、血壓，然後再去做事。

第三天到殯儀館參加 Edward 的告別式，意外地發現來賓有一、二百人，把整個會館擠得水泄不通。儀式簡單隆重，幾個 Edward 的同事、同學的告別辭特別感人難忘。剛進來時，我還看到 Frank，但此後直到從墓地回來，我卻一直未見到他。後來 Mary 告訴我他在儀式進行一半時，他就趕回 Houston，因有病人急需要他。

Mary 說她從來沒看過一個人那麼忙，而且那麼認眞。白天他到處打電話找 Edward 的同學同事，找牧師，找殯儀館的人交代儀式一切細節。晚上又常熬夜與 Houston 的醫院，及快將臨盆的太太連絡。他眞是三頭六臂、精力過人。他臨走時又一再叮嚀她要好好照顧我，等他把病人手術後他就會打電話來。」

說到這裡剛好輪到 Susan 要 Check Out。等到她 Check Out 完後。我迫不及待地問：「他眞的打來了嗎？」

Susan 說：「他眞的打來。第二天中午他打來，先問我有沒有被他吵醒。我說有。他說他早就想打來，但怕把我吵醒，因此他決定稍等，結果他自己卻睡著了。他說要向我報告，他又救了一個人。我被他感動了，開始關心他，並勸他早點回去休息。那知我越勸他，他講得越多。足足講了一個多小時才掛斷電話。此後他三、兩天就來一次電話，好像巴不得把失去的二十幾年彌補回來。他告訴我許多動人的故事，因時間的關係我訴你一個最動人的。」

我就停在門口聽她繼續講。

她說：「Frank 告訴我，在我原諒他，法官輕判後，他覺得很羞愧，於是一時想不開，把一瓶安眠藥一次吃光，等他在醫院醒過來不久後，走進一位面容慈祥的又嚴肅的醫生對他說：『好小子，你終於死去活來。你以爲你可以一死就百了嗎？眞是沒骨氣。你死並不能讓你撞死的人復活呀！你死只有更加重你的罪孽，讓愛你、幫助你的人更傷心、痛苦。聽說你是滿聰明又熱心的人，有種的話向我挑戰吧！我一年約救一百個人，你能趕得上嗎？』

他被這一席話激發了。出院後，便開始努力用功，終於考上醫學院，當上心臟科醫生。如今他已不止一年救一百人。

我聽了他這番話後，深刻反省。假如我當年眞的把他恨死了，今日世界就少了一位那麼熱心救人的醫生，這樣不但對別人一點沒好處，對自己除了繼續過悲傷、怨恨的生活外，一點好處也沒有。可惜，就這樣執迷二十多年，直到 Edward 死了，這才眞正醒悟過來。

愛可以治療痛苦，也可以帶來希望及歡樂。我付出的代價雖然很大，但回報卻更多。我失去兩口，卻得回六口。」

「什麼六口？」我不瞭解地問。

Susan 大笑說：「我這裡得了 Elaine 母子三口，又從 Frank 那裡得了三口，不是等於六口嗎？喔！對不起，我忘了告訴你，Frank 的太太最近生了一個男嬰。Frank 說那是我的孫子。所以，現在我是『阿媽』了，打算不久去看他們。」

我非常誠懇地向她恭喜。只見淚光在她眼眶一閃，馬上綻出一容笑臉說：「我不再傷心

流淚了。如果有的話，那是愛融化了我的心，是高興、感恩的眼淚。」突然間，我們聽到一陣犬吠聲，原來那三隻在車內等候的寶貝，看見「媽咪」而歡叫起來。我們聞聲急速推著車奔向牠們。

——原載於二〇〇〇年十一月二十六日《世界周刊》生活版

勇者的畫像

這是發生在北卡羅萊納州中部一個真實、曲折、動人的故事，曾轟動一時。

珍妮佛·湯普生（Jennifer Thompson）是美麗脫俗，聰明絕頂的白人婦女。她在北卡中部一間學院的時候，就是成績全A，又甚得人緣的傑出女生，前途可說充滿了光明及希望。但她的美夢卻在她二十二歲時被一個持刀破門而入的黑人而破碎，變成無限的夢魘。

一九八四年某一個晚上，珍妮佛獨自在公寓裡做功課時，一個年輕的黑人破門而入，珍妮佛在尖刀的威迫，不敢反抗而被姦污了。珍妮佛雖然在百般無奈下任其擺佈，但她的頭腦始終保持冷靜，她仔細記下他臉部髮線、特徵、體型，以便日後能找到他，把他繩之以法。她趁歹徒不備時逃出，並馬上報警。警察根據她的描述，不久就找到嫌疑犯，隆納卡登（Ronald Cotton）。珍妮佛到警察局在一排嫌疑犯中，毫不遲疑地挑出隆納來。事有湊巧，在她被強暴後一小時，另有一婦女也被強暴，而那婦女也同樣一口咬定是隆納幹的。

隆納馬上被送到法院正式起訴。在法庭上，珍妮佛咬牙切齒，聲淚俱下，歷歷如繪地大

力指控隆納的殘暴不仁，讓所有在庭上的人動容。警探郭爾定（Michael Gauldin）說，他在任那麼多年從未見過任何證人像珍妮佛那樣能言善道，氣勢凌人，讓被告幾乎無招架之力。隆納無法提出完整無缺的不在場證明，雖然他極力高呼他是無辜的。經過二次法院審判，他被判無期徒刑。就這樣，隆納開始他暗無天日的監獄生活。

他當然十分不服，到處訴說他的無辜，但言者諄諄，聽者藐藐，不但沒人信他，反而惹來不少麻煩，有幾次被其他犯人打得半死。此外，有人想性侵犯他，又有人想拿刀子刺他。他每天禱告，求上帝不要把加在他身上的折磨超過他所能容忍的極限。他常把心中的憤怒、挫折藉打沙包來發洩，有時打到拳頭都出血了。

隆納在獄中時，曾偶然聽到卜爾（Poll）在另一獄房裡吹噓他曾一夜強暴兩個婦女。卜爾在隆納被告時，也曾被當嫌疑犯上過庭，但珍妮佛及另一婦女都發誓未見過此人。

隆納一直懷疑卜爾就是元凶，因此他一直等待機會向他求證。很巧，不久卜爾搬到與隆納同一棟監房。隆納於是抓住機會向卜爾求證。沒想到，卜爾不但一口否認，而且還奚落他一番。

隆納一時氣絕想要把卜爾殺掉。隆納把他心中的想法告訴他父親，他父親卻極力反對。他說：「如果你把卜爾殺掉，你可能出了一口氣，但對整個事情沒一點好處，反而後患無窮。第一，你可能此生全在獄中渡過不得釋放。第二，你冤情可能永無翻案的機會。」

經過深思熟慮後，隆納覺得他父親說的有道理，他才憤憤不平打消幹掉卜爾的念頭。但

心裡不平衡的怨恨卻與日俱增。他一直想不通，他與珍妮佛素昧平生，也沒有怨仇，爲什麼她要無中生有來陷害他？命運爲什麼開他這樣殘忍的玩笑？

珍妮佛把隆納送進監獄後，生活都很順利。一九八八年她結婚，一九八九年到歐洲遊覽，一九九〇年生下三胞胎。親友都很關心很友善，生活可算很快樂。祇是每次想到隆納的惡形劣狀，她心中就不禁痛苦、怨恨。她與隆納素昧平生，又無怨無仇，爲什麼他這樣殘害她？讓她潔白的人生留下永不拭去的污點？

一九九五年，也就是隆納在獄中的第十一年，轟動全美、甚至全世界的 O.J. Simpson 涉嫌殺妻案發生了。當隆納看到在該案發生極關鍵性作用時，他覺得他翻案的機會到了。他立即聘新律師要求把他的與涉案遺留下的精液對比。

對比、鑑定的結果，證明該精液不是他的。接著把卜爾的拿去對比，卻發現是同一人。卜爾對鑑定的結果啞口無言，也承認他就是當年一晚強暴二婦女的元兇。冤情至此終於「水落石出」了。隆納被平反而被釋放出來。

當昔日的警探，今日的警長郭爾定通知珍妮佛時，珍妮佛竟驚駭直呼不可能。隆納是她親眼看見、親身碰過、當面控訴的人，除非她神經失常，記憶失真，否則她絕不會認錯人。但科學的鐵證及卜爾的認罪，使她百口難辯。她曾要求與卜爾對質，但卜爾拒絕，而不久卜爾也因癌症而逝世。

這一下子，珍妮佛的生活全被打亂了。以前在她的惡夢中，她是追打猙獰的隆納，而現

在卻反過來，猙獰的隆納在追打她。她每天陷入悔疚，痛苦的深淵。她內心非常想親自去向隆納道歉並求原諒。但她心想，是她自己把人家無端送入監獄，讓人家無端損失人生最珍貴的十一年。她要憑什麼企望人家原諒她？當年她是多麼趾高氣揚，聲色俱厲，而今卻要低聲下氣向人求饒，自己面子要往那兒放？萬一人家動口又動手，自己豈不自討苦吃，自取其辱？恐懼、害羞、尊嚴、良知一直在她的心中交戰，但她始終下不了決心親自去道歉。她每天禱告，求神給她力量及勇氣。

隆納在一九九五年出獄時，身無分文，他必須打二個工才慢慢趕上生活最起碼的要件。二年後他遇見蘿平（Robbin）並結婚，他們現在有一個兩歲的女兒。這段期間，隆納常聽見許多傳言說珍妮佛要親自向他道歉。但二年來，「祇聽樓梯響未見人下來」。這使隆納很感失望。加上，以前辦隆納案的檢察官從未向他道歉，法官也未撤銷隆納的社會危害人物的聲明，當地的警察仍對他惡言相向，使他不禁懷疑社會的公義何在？人的良知何在？

一九九七年，珍妮佛受良心的煎熬越來越厲害，每一閉起眼睛就好像看見隆納在逼視她，嘲笑她。她覺得自己無法再過這樣的日子。她必須尋求解脫，而唯一解脫的辦法就是要親自向隆納道歉，並求原諒。經過家人及好友的鼓勵，並經警察局長郭爾定的安排，珍妮佛終於決定要與隆納及他的夫人蘿平見面。地點就是珍妮佛的母校 Elon College 的牧師室。

珍妮佛面對著隆納及蘿平靜靜坐下來，雙手抱著胸，語聲顫抖，含淚低聲地說：「隆納，我非常地抱歉。我每天，幾乎每分鐘都為這件不幸的事感到愧疚。」話剛講完，隆納馬上說：

「我不再生妳的氣，我原諒妳」，這突如其來，乾脆俐落的回答，使珍妮佛一時不知所措。

她沒想到結果竟是如此簡單。她二年來不斷的禱告，懺悔，果然得到上帝的憐憫，令她及時解脫。而昔日的魔鬼今日卻成崇高偉大的天使，這個衝擊使珍妮佛一時愣住。幾秒後她開始抽泣，然後蘿平也開始哭，最後隆納也加入哭的行列，三人終於擁抱哭成一團。這個動人的場面經過報章、電視、電台的傳播而轟動了全國。

現在珍妮佛及隆納兩家常碰面相聚，他們之間的友誼越來越深厚，簡直變成利害與共的共同體。許多人聽到他們的故事都不約而同地問：「那是事實嗎？」「眞的有胸懷那麼大，那麼乾脆的人嗎？」「他是怎麼做的？」「原諒對方後，心裡眞的坦蕩蕩，不再有點怨恨懊悔嗎？」珍妮佛及蘿平也在說，她們也不知道隆納是怎樣做到的。

但有人問隆納時，他卻回答得很簡單：「我原諒她，不純粹爲她，主要是爲我自己，因爲我如不原諒她，怨恨、傷痛就永遠在我心中，也就永遠不能解脫。」

隆納雖沒受過高深的教育，他卻說出、做出中外古今不易的大道理來。他還勸珍妮佛原諒卜爾，最重要是原諒她自己。

珍妮佛雖接受他的勸導，而且非常努力去做，也常禱告、哭泣，但事情並不是那麼簡單，尤其要原諒她自己更是何其難，因爲怨恨已根深蒂固，悔疚百揮不去。她花了好幾年，在隆納的鼓勵，親友的協助下，才逐漸原諒卜爾。至於原諒她自己仍在繼續努力中。

爲了彌補自己的過錯及防範司法界再犯同樣的過錯，珍妮佛一有機會就到處演講，把自

已經驗與大衆分享。她說，在今日科技發達，社會環境錯綜複雜的情況下，所謂「眼見爲證」已不再是「不易」的眞理。

人類對自己的桀傲、無知、偏見、執著等缺點常視而不見，且自以爲是，因此造成無數的冤案，今日素質低落的陪審團及司法人員已無法十足公正、客觀，無誤地審理稍複雜的司法案件。所以，沒做錯不一定被判無罪；另外一方面，做錯的也不一定被判有罪；這是值得警惕、思考的嚴肅課題。

今年三月十八日，德州休士頓報紙報導有一男子在一九八六年被判強姦入獄，因被害人指證他的衣著，體型與強暴人相同。他被關了十五年，才於今年因鑑定而改判無罪出獄。

世上還有多少正直好人蒙受不白之冤而受苦？還有多少壞人混蛋逍遙法外，得意忘形？

——原載於二〇〇一年六月二十四日《世界周刊》美國現象版

生活情趣感想

錢筒仔——阿公的心意

存進去的不只是金錢，還有更多的願望及愛心。

由於不善購物，每年聖誕節我送孫子的禮物，總不外是衣服及玩具。但這次我卻別出心裁，送每個孫子一個錢筒仔。當我全身裝扮聖誕老公公送給他們這些禮物時，他們卻因出乎意料之外，而目瞪口呆，可能他們心想這是什麼鬼玩具?

在聖誕節的前幾天，我在報上看到一則感人的故事。有一位五十六歲在中學教英文的白人老師，捐出美金一萬元當少數族裔的獎學金。在美國當公教人員，要存那麼多錢可不是簡單的事，而要捐一大筆錢恐怕要像「駱駝穿針眼」那麼困難。聽說他平時就是「儉腸揑肚」，非常節省。一部小金龜車開了二十多年，才於最近換一部「較新」的十三年舊的 Toyoto Tercel。他每月存下一百元，共存了幾年才達到一萬元。有人問他是怎麼開始這項計劃的?他說在八歲時為購買心愛的棒球手套，他開始儲錢。雖然他家境不錯，但他寧願自食其力。當他

辛辛苦苦存到足夠的錢，買下他心愛的東西時，他會更珍惜那東西，因爲得來不易。隨著年歲的成長，他覺得更關心別人的需要，而開始存錢捐給慈善機構或癌症研究之類的基金會。他覺得個人力量微薄，於是與學生在校合開一福利社，把所賺的錢全數捐給紅十字當地濟貧機構。他設立獎學金是感恩他在大學期間就是靠獎學生才能完成學業。他是以「投桃報李」、「推己及人」來回饋社會。全校師生及家長對他的義舉及愛心都非常感動，認爲他眞是學生學習的楷模，是值得尊敬的。

我小時候，台灣的經濟普遍不佳。許多人三餐不濟，常以「甘薯簽」佐餐。而正在成長中的中小學生在下午回家常餓得急忙以熱飯攪拌醬油、豬油止饑。衣著方面也談不上奢華。許多小學生，尤其在台灣南部，沒鞋穿。冬天打赤足，走在碎石路上非常難受。有一年我患了「冷腳筋」，天氣一冷，走起路來就痛得要死。我向父母哭訴要求買鞋穿。我的家境雖不錯，但家中食指浩繁。常捉襟見肘，一時無法滿足我的要求。那時母親爲貼家補，在後院養了二頭豬。她本來爲照顧全家大小已夠忙了，現在再加上二頭豬，更忙得昏頭轉向。她聽說我須要買鞋子，就建議我打掃豬欄，並付我工資。我一聽有錢可賺，很高興，就滿口答應。但母親怕我賺的錢亂丟或亂花，就在我開始工作前，交給我一截兩頭封閉，上截開一小縫的竹筒子，並說每次把銅板丟到裡面，不能拿出來。等到銅板裝滿才能破開。那時我可能有足夠的鞋子。我每天非常勤奮地打掃豬欄，根本不把髒兮兮、臭氣沖天的惡劣環境當作苦差事。每天祇求趕快從母親那裡拿到銅板，丟進竹筒子裡，聽聽那天下最美妙的叮叮噹噹的銅板撞

擊聲，並且一有空就拿竹筒子出來搖搖幌幌，不但自己可以陶醉一番，也讓別人看了羨慕不已。日子一天天過去，竹筒子也越來越重。我的願望除了鞋子外，又加了一枝派克鋼筆。而我到底已存了多少錢的好奇心也越來越重。終於有一天我忍不住了，設法要把銅板倒出來數。我把竹筒仔橫擺，開口向下，然後前後滾動。但費了九牛二虎之力，仍然倒不出一個銅板來。我耐心地研究試驗，最後終於以開口邊沿塞進一薄硬的紙而大告成功。

當我把所有銅板倒出時，我眞不敢相信我已存那麼多，那是我懂事以來，見過最多銅板的一次。我眞以爲我是世界上最富有的人、最快樂的小孩。至於後來母親用柴刀剖開竹筒子使銅板瀉了滿桌，以及第二天我穿著嶄新的鞋子搖搖擺擺到學校而引起一陣轟動。這個情景，雖歷經半個世紀，仍覺猶新如昨。

當我把故事講完時，我的孫子似乎不解地呆望著我及空錢筒子不知所措。直到我從口袋抓出一打把銅板叮叮噹噹往筒子放時，他們的眼睛才突然大放光彩，並興奮地叫著：「Oh！A lot of money，can we use them to buy something we like，阿公？」，我說：「Of course，if you save enough money but……」我話尚未說完，三個小孫子蜂擁而至，用小手緊緊抱著我，並連連說：「Thank you 阿公！」。我把 but 後面要講的話嚥下去，等以後他們稍解人事再說。此刻就讓他們儘情把喜悅及願望注滿整個錢筒子吧！

抱得起　放得下

我喜歡看禪修之類的書，因爲覺得可以從中獲得許多靈感、啓示，使我能從不同角度去思考人生，提高生活品質。有趣的是，讀這類書，感受常隨環境、心境不同而變化。因此，心得也各不相同。下列就是例子。

有一和尚帶一徒弟遠行，走到河邊見一少婦因無法渡河而焦急苦惱，和尚知道後，二話不說，抱著那婦女走過湍急的河流。一到對岸，和尚把婦女放下，頭也不回繼續行程。和尚及徒弟默默無語走了一段很遠的路後，徒弟忸怩不安地問：「師父，我是否可問一個問題？」師父和顏地說：「當然可以呀！」徒弟說：「您常說男女授受不親，和尚更近不得女色。但今晨你不但不遠離，還緊抱著那婦女過河。這應該如何解釋呀？」師父笑著說：「徒弟呀！你祇知其一，不知其二。當我把她帶到岸邊，把她放下時，我立即就把她忘了。怎麼我們走那麼遠了，你還一直記著她，難怪你看起來好像很累呀！」

第一次讀到這故事時，我眞受感動。覺得那師父修行眞高，比一般人高超。他不受世俗的羈絆，不計人言可畏及後果，當機立斷去做該做的事，而且做完後，不計酬，不望謝，甚

至連想都不再想。世間有幾人能做得到？實在太偉大了。反觀那徒弟，反應遲鈍，問話的動機可疑，有點孺子不可教也之感。

第二次讀時，剛好是讀偵探小說及一些心理學的書之後。所以，「探討」、「研究」之心特別強。於是，一連串的問題便隨之而來。那和尚的修行眞的那麼高？說忘就能馬上忘嗎？記憶、思想您能說要停就停嗎？又不是生病受傷或死亡！就算意志力能控制它，但意志力可不能全天候不斷地控制。祇要「剪草不除根，春風吹又生」，它三不五時就會冒出來，讓人防不勝防。假如那和尚眞的能說忘就忘，那麼他根本就不必辛辛苦苦入深山求淨土去修行，鬧市街坊不也行嗎？許多宗教深諳人類的七情六慾很難擺平，因此設出許多戒律教條，就是希望借神力來增強人類的「定力」。那師父和那少婦素昧平生，卻因爲她有難，他義不容辭去幫忙，可見他不是孤情寡義的人。既然他是有情有義的人，他便不能說忘就忘，所以他說他早已把她忘了，是違心之言。心理學家說：「每個人都多多少少患有人格分裂，祇是輕重不同而已。」在日常生活中，我們可能聽到一個人當面稱讚一個女人，說她年輕貌美，西施下凡。但當她一轉身，他便破口大罵：「眞三八，未見笑，老得可當老祖母了，還在裝模作樣發風騷。」心理學家又說：「人們做錯事或失敗時，最普遍的反應，是掩飾或找藉口。這種障眼法往往欲蓋彌章，反而把原形畢露出來。」那師父一反常態，把那少婦一摔就走，而且走後一直默默不語。誰知道他是不是玩這種障眼法？說不定他心中正存有犯戒的恐懼，或理智及情感正在交織掙扎。如果他有像禪家說的：「心中本無物，何處惹塵埃。」的心境，

及有爲人祈福消災的心腸，他可大大方方停下來，好人做到底問那少婦還有什麼可效勞？不必像做了賊，急著要閃避。他也可以沿述輕輕鬆鬆給徒弟上一課「機會教育」，而不必做作道貌岸然狀，一言不發。至於那徒弟見師父「行不正，言不順」，而不疾言直諫，或許有幾個「不得已」的原因。一、他可能一時嚇呆而不知所措，他必須聽其言，觀其色，免得得罪師父，吃不完，兜著走。三、他的理性及良知正在交戰。師父犯了戒，做徒弟是不是應該裝聾作啞？師父是不是神經失常？師父這樣做是否有特殊原因？他一直等待師父開口解釋，偏偏師父閉口不談。最後，他受不了，才忸怩不安地發問。他的反應不是遲鈍，而是顧慮太多。

最近我又把這則故事再讀一次，發覺我的觀感和前兩次又不同。這好比去登山，入山前看到雄偉的山頭非常景仰、興奮。等入了山，視線被林木、雲霧所遮，雙腿被崎嶇蜿曲的山路所折磨而產生迷茫、恐懼、怨嘆。等上了山頭，美景盡現，心情舒暢，過去的一切苦難都隨風而消散了。這次我就衹看到故事中人性至美的表現：一和尚將內心的慈悲，化成迅速的行動，去幫助有難的人渡過一場浩劫。沒有節外生枝，沒有胡思亂想。

最後，我再以一則故事故做爲本文的結束。

達摩禪宗祖師要決定他的衣缽傳人時，曾分別接見他的五位得意門生，聽聽他們的悟道情形。前四名，口齒伶俐，滔滔不絕，講了一大堆，而且一個比一個精彩。當輪到慧可時，他和顏易色從容地走出來，向祖師行個禮後，一言不發站在他該站的地方。結果，慧可獲得青睞，成了衣缽傳人。因爲他是唯一把內心的「思維」釋放出來，化成「行動」，實現到生活裡去的人。

含飴弄孫的新解

自從七、八年前我成「公」後，許多人碰面就告訴我說：『您現在是最幸福的人，每天可「含飴弄孫」，』現在我有六個孫子，但坦白說，我仍搞不清楚「含飴弄孫」的眞意是什麼？記得小時候，鄰居有一老阿婆很喜歡「弄孫」——不管是自己的或別人的孫，總喜歡用手上下撥弄小孩的嘴唇或搔小孩的肚皮，嘴裡在輕輕地哼，「阿牛牛或阿豬豬」。如果，小孩被她弄得興奮，嘴裡噴出唾泡或手腳在空中揚騰，她就高興地大張沒有牙齒的玉口咯咯大笑起來，這時，她是全世界最快樂的人，整天心情開朗。但俗語說：「常走夜路，會碰到鬼。」有一次，她就不小心指頭被初長牙的小嘴咬住，而痛得哇哇叫。另有一次，她竟被「小水槍」灑得尿水滿面尷尬得很。很奇怪的是，她不但不從此畏懼，而且興高采烈到處宣揚她的「奇遇」。其中的妙訣，恐怕只有她本人或身歷其境的人才能瞭解吧！國語辭典說：「飴是由米麥發酵出來的軟糖。」「弄即戲耍、玩弄」，「孫是子女的子女」。好了，知道字意了，剩下的就是如何去實踐、體會。

有一天，我口裡塞了一塊軟糖，帶著兩個男孫，可思及可將在客廳裡戲耍，玩弄他們。

剛一開口，話尚未講出，這兩個小精精靈馬上手指我的口大聲問：「您口裡含著的是什麼?」。我說那是一塊軟糖，是專爲阿公與孫子玩時用的，兩人一聽，紛紛表示他們也要一塊，我說很抱歉，中國古書祇說含飴弄「孫」，沒說含飴弄「公」。一個孫子齊叫：「It is unfair」（這是不公平），並威脅說：「No sweet，No honey」（沒糖則不玩）。哇！現在的小孩眞厲害，乳臭未乾便學會「工會」的那一招。我急忙說：「不是我不給你們，而實在是我僅有一塊，下次再給你們行不行？除非你們要我口中那塊？」說著我把口大張，裝著要把糖拿出來。他們一看大叫：「Yak（好噁）！我們不要，阿公一定還有」。說完二人不學而同，一個搜我右邊口袋，另一個搜我左邊口袋，等他們搜完後，我說：「See，I did not lie to you」（看我並沒有向你們說謊呀！）二人相視一笑，便一起擁上我的肩膀說：「阿公當馬，讓我們騎」。這二個小鬼從小就把我當馬騎，尤其當他們有要求不能如願時。我大叫一聲：「等等，你們兩個現在已不小了，兩人一騎上，會把阿公的骨頭壓斷呀！」然後故意裝出一副可憐相。二人遲疑一下不動，我見機便想要站起來要溜了，但可思卻把我按住：「那麼就讓弟弟騎，我來當馬夫好了」說完把弟弟扶上我的背，再順手抓了一本雜誌，打著我的屁股說：「快跑」，我回頭向他說：「打輕一點，拍馬屁不是那樣拍的。」說著我載著可將在客廳亂轉，可思在後拿著雜誌追趕，嚷嚷喊喊鬧成一團。這是不是叫「含飴弄孫」？

從上次得到「慘痛」教訓後，下次跟他們碰面時，我就老練多了。我把雙手藏在身後，故作平靜問他們：「今天要不要跟阿公玩？」他們撇見我身後有一包透明塑膠袋，裡面裝滿

五花十色他們喜歡吃的巧克力糖，便拍手大叫：「要」。說著便伸手要拿糖果，我說：「你們要吃糖果，必須先猜中我那隻手有糖果才行」。我把雙拳緊握放到前面讓可思先猜，但他沒猜中，然後讓可將猜，他也沒猜中。他們這樣輪流猜二、三次都沒猜中，他們感到沮喪，困惑。最後，我把雙手伸出去，讓他們同時各猜一手，他們很高興，以爲這次一定有人猜中了。但我把雙手伸開，卻雙手都沒糖果，他們頓時呆住了，簡直不敢相信他們的眼睛，幾秒後，他們才大叫：「阿公騙人，阿公騙人」，然後二人在我背後一追趕，一面大叫就像西部武俠片的印地安人，非常緊張，刺激。最後，他們追上我，並把我按倒在地上，說：「阿公，您怎麼騙我們的，一定要告訴我們，我們才放您走。」我說：「祇要你們不要把我當馬騎，我就告訴你們。」他們爲趕快能得到糖果，馬上說：「好」。我右手握著一塊糖，伸到他們面前讓他們看，然後把雙手放到背後，再叫他們到我背後看，我把右手中的糖果放到右邊的後袋裏，再把雙手伸到前面說：「現在兩手都是空的，是不是？」兩個孫子看罷拍手大叫好。然後他們如法炮製，一而再，再而三變起法戲，非常高興。忽然間，他們平靜下來，然後相視一笑，一溜煙跑走了，留我一個孤單站在那裡，不知在玩什麼把戲？一、二分鐘後，可思，可將一人牽一手硬把他們的媽媽從房間拖出來，口裏還一直嚷著：「媽，您猜中就有糖吃。」說完二人把學到的把戲重新表演，我女兒迷迷糊糊猜了二次都沒猜中，惹得可思可將笑得人仰馬翻。我女兒似乎有點尷尬說：「你們是搞什麼把戲？是誰教你們的？」兩個孫子把笑臉遙向我這邊來說：「是阿公教的，很好玩，是不是？媽，我們告訴您怎麼玩。」說完兩兄弟

爭先恐後賣弄他們才剛學來的『特技』，看得他們的媽盈笑不停，女兒看罷後輕輕摸著兩個孩子的頭：「吃完糖，可不能忘了刷牙，否則到老牙齒會全掉光了」。兩個孩子聽了以後似有悟地說：「阿祖的牙齒會全掉光是不是小時後吃糖忘了刷牙？」女兒不置可否，卻把目光投向我這邊來。我頓了一下說：「實際情形我也不清楚，因爲他們小時，我還沒出生哩。有機會你們或可親自問問他們，不過，有一點我很清楚，他們小時候很窮，三餐都難得吃飽，糖果更是吃不到，他們牙齒掉光，可能營養不好也有關係。你們很幸運有糖果可吃，但你們要常刷牙，要保養才行，說完，我要他們打開口讓我檢視他們的牙齒。「可將你的牙齒很潔白，乾淨。」「可思，你的也很好怎麼少了一顆牙齒呢？是不是……」可思氣急敗壞地說：「阿公，您明知故問，那是乳齒掉的，不是我沒刷牙呀！」我笑著說：「別急，我也剛掉了一顆牙」二個孫子聞言大叫起來：「什麼？阿公又在騙人了」「你們信不信？」我說：「你們在這裏稍候」。我趕快跑到我房間找出一塊黑膠帶貼上門牙，再跑出來張嘴給他們看，他們二人看了半天才說那不是眞的，是膠帶貼上去的，我拉著可思的手說：「不管是眞是假，反正讓我們兩個缺門牙的，照個相留念吧！我小時候掉牙沒留下任何紀念非常遺憾呢！」女兒認爲這是好主意，馬上去拿照相機給我們拍下「祖孫對笑兩無牙，情趣相投十（實）有緣」的永恆鏡頭。

結語：

鄰居阿婆，雖沒糖吃，但她最快樂是被「戲耍」時。

我雖有糖吃，但最快樂卻是與孫演成「馬戲團」時。

孫有糖，又學了新「把戲」是全家最快樂的時候。

古書所謂含飴弄孫。「飴」不一定專指軟糖，祇要能得快樂就好，所謂「飴」者「怡」也。「弄」也不一定是戲耍，玩弄，而是指創造，做成，引出快樂。如去「弄」一碗好食的麵來。如「弄」巧成拙。所以，「含飴弄孫」不是指祇求自己快樂，而是要祖孫同樂，甚至爲了子孫的幸福，快樂而委曲，犧牲自己。

姓名的性別

前幾天，透過家妹李雪玟的介紹，我打電話給洛磯的林衡哲先生，想向他購買有關台灣歷史、文化的書籍。林先生在這一方面的貢獻及熱忱是有目共睹，名聞遐爾。接電話的是一位極親切的女士，她說林先生已返台灣，不知我找他有什麼事？她說她是林太太，叫邵維平，她稍頓一下，有點不好意思地說是四維的維，和平的平，相當男性化的名字。我說我叫李彥貞，是俊彥的彥，忠貞的貞，相當女性化的名字。我們的名字是否應該互換一下。接著我們大笑一陣，把我們原本生疏的距離拉近很多。我也完全信任她的推薦，一口氣訂了七本書。

我的女性化的名字，幾十年來給我帶來不少笑話及尷尬。最忘不了的是我在初中，不知是那些缺德鬼玩的把戲，我曾接過熱情洋溢、思慕良深的男同學的「情書」。高一時，在高雄中學救國團舉辦的冬營中，與從嘉義來的李燕貞在數百團員面前「爭取」朋友的來信（幸好那次是給我的信）。結婚後，兩個孩子出生時，產婦都是寫李彥貞，而不是我太太張由吏（男性化的名字），在北卡當台灣同鄉會會長（一九八〇）及商會會長（一九九〇）時，我常接到要找張會長的電話，而我太太卻常被誤認為李彥貞，老實說，我的名字不是完全女性

化，頂多是半女性化而已。

我的朋友藍敏慧（北卡僑務顧問，阿帖拉契大學工學院院長）及顏珍珠（是一名將軍，又是畫家，在數年前拿公民證那天車禍，夫婦皆亡）他們的名字可說是完全女性化，相信他們所遭遇的笑話及尷尬比我還多。

唯一我感到女性化名字的好處，大概是一九八〇年代台灣民主運動蓬勃遭難時，有些身邊的雖沒那麼拋頭露面，卻被台灣當局列入黑名單。而我居然「頭上沒被點油」，還能自由出入台沒被爲難。我怎麼想也不知道是何道理，只有相信，可能我的名字，讓打小報告者誤認爲是名不經傳的女性，而逃過一關。

自從二、三年前開始在報章雜誌投稿以來，因用眞名使一些讀者，甚至編輯誤認我是女性，害我得花一番口舌解釋。

我使用這個名字也超過六十年，我雙親也統統上天國去了，我想現在應該是讓我的名字，還我本來面目的時候，就把「貞」穿上男裝，成爲「禎」，正名「（衣）十貞＝禎」，從此叫我李彥禎吧！

談宗教

甲：「你爲什麼不信？」

乙：「宗教所談的全是虛無飄渺，眼看不見，手摸不到的事。我怎能信？」

甲：「你摸不到星星，月亮，太陽，但它們無時無刻不在太空中循軌運轉；你看不見大地大氣的運行，但花木卻按時開花結果。你是單性，但卻有異性巧妙配合你，使你能傳宗接代。這難道不是有超自然，超人類的創造者在操縱一切嗎？怎麼是虛無飄渺？」

乙：「這點我一時無法反駁，但這和一件謀殺案一樣。人是被殺了，有現場留下的證據及屍體。從案件的觀察，鐵定是有人殺了他。但是誰殺了他總不能隨便抓一個硬說是他干的。」

甲：「世界三大宗教都有德高望重的教主。他們講的話都是一諾千金，絕無虛假。三個教主都一口同聲說有天堂，得救或得道者都可永居；又有地獄，萬惡不赦的罪人永人不拔。他們講的話，如果你都不信，天下還有你可信的人嗎？」

乙：「不是我不信，而是他們所講的還是沒有完全具體。就像那謀殺案，偵探可從現場

留下的證劇，如，指紋，腳印，傷口等判出凶手的體型，身份，可說凶手呼之欲出。問題是凶手眞的找到了嗎？他是誰？在那裏？可沒人看到呀！」

甲：「你不能說找到就否定他的存在呀！何況聖經記載阿伯拉罕，摩西及一些先知，祭司，國王都見過他並與他講過話。」

乙：「上帝既然要人類相信他，敬拜他，他應該顯現，讓人認識他。就像多苦多難的亞伯親眼見到上帝後，立即心悅誠服完全拜倒在他眼前！但是上帝不讓我們凡人見他，見到他則立即死。這樣的上帝叫我們怎能親近他，蒙他祝福呢？」

甲：「可惜你我不是上帝，上帝的旨意作爲，我們無法理解。我們僅能以微薄的知識，及虔誠的心去揣測至高萬能的上帝。」

乙：「所以，你的意思是說：『信者自信，不信者自生自滅』。」

甲：「難道你還有更好的辦法？」

乙：「？！！……」

談「婚姻」

中國古人創「婚姻」兩字時，並不安好心，也不寄予厚望。所以，祇有「女」人意亂情迷「昏」了頭，以及「女」人嫁人有「因」時，「婚姻」才成。有趣的是，西方人對「婚姻」也戚戚焉有同感。法國劇作家莫里哀說：「大部分的人都是在迷迷糊糊（即昏了頭）中結婚，其結果必令人懊悔。」法國文學家蒙德朗也說：「不幸的婚姻，有一半以上是當事人基於不當的原『因』而結婚。」

台灣人的祖先，可不那麼悲觀。他們認爲「一某，加（kha）好三天公祖」，因爲當時來台的幾乎清一色是羅漢腳（單身），要娶某非常困難。後來意外發現，娶個刻苦耐勞又帶家財的平埔族（以母系爲主）女性爲妻，可人財兩得，非常高興。於是「食好相報」，到處宣揚，鼓勵後進。「歹歹尪，食未空」，「聽某嘴大富貴」，「自細（從小）呣通（不可）無母，食老呣通無某。」。

但隨現實的生活，逐漸發現「婚姻」並不是想像中那樣完美，苦惱還是很多。於是感慨良深的俗語紛紛出籠了：「一好配一醜，無兩好通（可）相排」、「上山呣通惹虎，入門呣

通惹某」、「媒人包入房，無包一世人」、「睏破三領（件）蓆，心肝掠（抓）不著」、「鬥扇板，鬥（裝）嘸好著（會）崩」（夫妻個性不合會常爭吵），「好花攏生佇別人欉，某攏睏佇別人房」（別人的妻子看起來都比較好、比較美）。無奈之餘，只勸人要有好的「婚姻」，就得「臭耳人尪，青瞑某」（聾夫瞎妻）。這句話跟法國思想，蒙田講的完全一樣。英人愛迪遜還語帶諷刺說：「怕老婆的丈夫與妻相處最融洽」。這跟台灣俗語：「驚某大丈夫，打某豬狗牛」不謀而合。

一般西方人對「婚姻」多抱既愛且恨的心態，如英國詩人拜倫就說過：「我們既不能和女人一起生活，又不能無女人而生活，眞是頭痛得很」。台灣人也戰戰競競說「做著歹田望後冬（期望明後年好轉），娶著歹某一世人」（悽慘一輩子）。

至於是否該娶富家女，東西兩方砲口一致。台灣俗說：「欲揀突額（要選有智慧者），嘸揀好額（富有）」；德國詩人席勒咬牙切齒：「假如你想毀滅自己，那就娶一個富有的妻子吧！」可能這些男人都吃過「好額某」的苦頭，或娶不到「好額某」而說酸溜溜的話。

那麼一個人是否該結婚呢？天下第一大智者，蘇格拉底回答說：「不論怎樣不幸的婚姻，總比沒結婚的好」。英國劇作家，王爾德說：「人爲誤解而結合，爲瞭解而分離」。親愛的讀者，你說該怎麼辦？

恐怖的善意

記得小時候讀過一篇文章，大意說有一位熱忱善心的老女房東，非常疼她的年輕房客，她有什麼好吃的東西就送給他吃。有一次她做了一個很精緻的櫻桃糕，照例她第一個送去給他。這房客有特殊的原因不能吃櫻桃，但他很難開口解釋，就是解釋恐怕也很難讓她明白。他找了許多藉口推辭，但這位熱心的房東不但不退卻，反而堅持他一定要當面吃。她那麼誠懇，使他無法不接受，於是他吃下去了。當晚那年青的房客就死了。這個故事可能太動人，又太恐怖，以致數十年後仍存在我腦海裡。我一直祈望這種事千萬不要在現實生活裡發生……那知道……

上星期我偕妻到西雅圖參加她姪女的婚禮，趁閑暇之餘，好朋友鍾大哥特地安排一起到接鄰的澳林匹克半島去玩。八月二十日早晨，我們都已準備就緒，馬上就可以出發了，忽然鍾大哥帶著憂愁不安的臉色走到我身邊低聲說：「很抱歉，我們不能陪你們去爬山，因這幾天我太太混身發癢，夜裏失眠。昨夜突然感到心跳非常不規律，好不容易才熬到現在。我馬上就帶她去看醫生。我們聽了馬上表示關心，並說我們不去了，留下來幫忙照顧，但鍾大哥卻一口咬定我們非去不可，因他知道我們期待這個旅行至少有半年了。他和太太已去過了可

以不去，接著他把我們的行旅箱放到他的車上，並把鑰匙塞在我手裏。妻和我一直推讓不接受。突然鍾大嫂從臥室探出蒼白疲憊的臉，以衰微的聲音向我們說，如果我們不自己去，她就馬上換衣服陪我們去。我們聞言非常緊張地說：「大嫂妳不能這樣，萬一在山上發生問題，怎麼辦？以後還有機會再去吧？」但她說如果我們不去，她會更不安，她只得要陪我們去。「謙辭不如從命」我們只好接受了。鍾大哥馬上拿出一張地圖說：「你們經常旅行，有地圖一定不會迷路。」然後又拿出一張「國家公園入山證」遞給我。我說我自己也有，但一時找不到。他說：「不管了，反正你就帶著吧！」

我倆在幽美的 Port Angeles 過一夜。第二天，一大清早，便驅車往名聞遐邇的 Hurrican Ridge 去。那天清爽晴朗，山雖高路又曲，但路平寬闊不覺驚險。我們一路觀賞美景非常開心，快到山頂時，忽見路中間有一小亭子，原來是入山檢查站。我們停下時，一位年約六旬的老婦人，笑嘻嘻探出頭來向我們打招呼，並問我們有入山證否。我毫不遲疑地說有。但我找了半天卻找不到，連鍾大哥那張也找不到。我發窘地繼續找。她耐心地說：「慢慢找，不用急。」可能太緊張，我仍找不到。於是把整個皮夾子裏的東西統統倒出來。那婦人也熱心把頭湊進車窗幫我看。突然她驚叫：「就在這，這張就是！」說著伸手把它拿去。我和妻一看，那是鍾大哥的入山證呀！我兩四目一觸，同時緊張起來。妻示意我趕快把實情講出來。我轉身一看，她正拿那張卡仔細端詳。我正要開口，她卻比我快地說：「阿！這張卡太舊了，我給你換一張新的吧！」說著馬上低頭敲打電腦機。其間有幾次我要告訴她，那不是我的卡，

但她不讓我講完，便搶著說：「哦！換新卡是免費，不必擔心啊！」「快好了，不要緊張，今晨遊客稀少。」等她打完新卡，放在一夾版遞給我時，我以爲我一拿便可溜之大吉了。那知她滿臉笑容向我說：「請在新卡上簽名。」天呀！我幾乎要昏倒了，我怎能簽？這不是我的卡呀！我一時愣在那裏不知所措。這位仁慈的婦人見狀，以爲我不知該在那簽，很親切伸出指頭指在新卡的底部說：「你們久等，祝你們旅途愉快！」我如釋重擔，向他致謝後，恨不得馬上鑽入土裏遁去。她的善心簡直要我的命！

回到西雅圖，妻馬上向鍾大哥報告：「我一生旅行那麼多次，沒有遇見比這次更驚險緊張，當他簽了名遞回去時，我幾乎不能呼吸，心想萬一她把新舊卡的簽名核對一下，怎麼辦？」我在旁邊聽了，插嘴說：「怎麼辦？涼拌！」然後故意哭喪臉說：「你說大嫂心臟有問題，不能陪我們去，卻好心逼我們自己去度「蜜月」害得我們幾乎要發心臟病，差點魂斷名山上，以後我們得小心不要把一片善意變成對方的毒餌。眞的，它有時會害死人也！」

這件事發生後，我心情一直很憋忸，很不舒暢。回北卡後，雖很疲倦，我仍趕快把故事寫下，藉此公開表達我的遺憾及痛苦。寫完後，卻引發我另一個感想：像我犯這樣小過，就使我食寢不安，但有些人貪了幾百仟萬，或害人無數，卻能若無其事，高枕無憂，談笑自如。其「道行」之高，吾人自嘆不如也。

後註：回北卡後，發現我的入山證，放在新買的皮夾內，未帶去。新卡的簽名，試用洗碗精，竟然可以洗掉。感謝上帝！

領養記

我們的愛，不應只是口頭上的愛，而是真愛，常用行為證明出來！（約翰壹書：）

我與內人在高中時便認識了。十年後，我們結婚，育有一男一女。五十三歲便成「公」；六十歲不到，便有內、外孫六人。有人羨稱我們「好命」，有人譏諷我們很會「做人」。不管怎麼說，在我們同輩親友中，有這麼大「成就」的，可說絕無僅有。我們感到驕傲及滿足。

三年前的一個春天，女兒及女婿忽然告訴我們一個「驚喜（Surprise）」的消息，說他們還要一個小孩，但不是自己生，而是要領養。我們一聽差點昏倒。他們已有聰明而俊美又健康的二男一女，夠他們忙的了，好不容易小孩稍「離腳手」可喘一口氣，怎麼自找麻煩，再找一個「外人」來撫養？我們竭力反對，也請不少親友助陣幫勸，但他們都一一回絕，他們說，了解我們的好意，也清楚所有可能的麻煩與問題，但這是他們長久以來的願望，也是上帝要他們去成全的。我們全是基督徒，他們把至大的上帝搬出來，我們只好閉嘴不再爭辯。暗地裡，我們向上帝禱告，讓他們不要去領養，但女兒女婿比我們更虔誠，每天向上帝禱告，

希望他們願望成全。好比兩個球隊，都向上帝祈求贏球，眞是給上帝找麻煩，以致祂還遲遲未能決定。

直到去年聖誕節前，我女兒得到消息，說是她的申請已獲准了，並且要他們在二、三月間，到中國廣州去領回女嬰。這消息對我女兒可能是天大的喜訊，但對我及內人來說，無異是晴天霹靂。不過，我們也不是完全沒準備，我們曾仔細思考過，萬一領養成功，我們應採取什麼態度。我們之所以反對，是因爲擔心女兒、女婿負擔太大，萬一有個三長兩短，恐怕無法承擔後果。我們的出發點是愛，要他們幸福、快樂，既然她們的祈求是那麼誠眞，我們沒理由袖手旁觀，不支持他們。所以，當女兒要求我陪他們一家五口一起去大陸協助領養（她們不懂中文，也未去過中國大陸。聽到許多如假似眞、光怪陸離的傳聞，很擔心他們的安危），我毫無遲疑便一口答應。

今年三月初，我們一家六口人飛往北京，停留二天後再飛往廣州，第二天便見到從二百哩外海邊小鎮來的一群理著平頭的女娃娃（沒有一個是男嬰）。由於長途旅行（五小時車程）及陌生環境，她們都嚎啕大哭，而領養的父母也因見到朝思暮想的女嬰而感動得淚涕泗流，整個場面顯得亂哄哄但又感人。我這「阿公」手中沒嬰兒抱，只好拿著攝影機到處搶鏡頭，留下歷史的見證。我們留在廣州一個多星期辦理簽證、入籍手續，所有受領養的孤兒在離開她們出生地前，都已成合法美國人了，比起一般人入籍順利快速很多。這想必使許多用盡千方百計想來美國，卻不得其門而入的大陸人羨慕不已。

下面是我對這次領養的粗略感想：

一、美國人的大愛精神令人感動

我們團中有一對四、五十歲的白人夫婦，帶著一個十一歲的男孩千里迢迢要去福州領養一個「兔唇」又生腦瘤的女嬰，準備帶回美國去手術，可惜到北京時接到通知，該女嬰病情惡化不適遠行，臨時改收養一個有手有問題的女嬰。我早聽過許多美國人專收養身心殘障的嬰兒，撫育他們、醫治他們，非常令人感動。這次是我親眼看到。此外，我們的領養團內，有二、三對父母領到女嬰似乎不是純中國人，當他們向我求證時，我據實以告，女嬰似乎有東南亞族裔或少數民族的血統，對方卻很高興地說，會更愛她們。在美國，我確實看過不少白人父母領養黑人，或是黑人父母領養白人小孩，這種寬大的胸襟，確實值得我們尊敬學習。

二、領養是眞愛的表現

女兒、女婿的愛小孩、善教養在我們社區很獲好評。他們對小孩從不疾言厲色，教養出來的小孩，全是溫恭有禮、整潔美觀，因此常聽人說，做他們的小孩眞幸運。有人問他們，已有三個小孩爲何還要領養？他們說，自己的三孩已稍大了，覺得還有餘力再去愛一個失去愛的人。聖經說：「眞愛是須用行爲表現出來」，所以他們只是想到做到而已。至於爲什麼去中國而不去台灣領養？他們說：「台灣是我們第一個選擇，但卻找不到資訊，可能台灣已

列入發展中國家，不讓外國人去領養。」中國是一個較落後、極度重男輕女、又重視身份的國家，一個孤兒，尤其是女孩，除非上天特別垂憐，否則她們前途無「亮」，幾乎已是命定。當我們第一次與領養的女嬰會面時，看到她理平頭，臉上、手臂佈滿紅斑、抓痕，又看到她抓食物的饞相，我們心裡非常酸痛。但二、三個月下來，經我們全家人及周圍親友的疼惜及照顧，她幾乎已搖身一變，換成另一個人。現在的她，美麗健康又活潑可愛，簡直是個小天使。「改變一個人，讓他獲得幸福、快樂，是我們領養最大的目的。」

三、領養在美國非常普遍

近年來，美國人趨向東歐蘇聯、韓國、中共去領養小孩。大體上說，領養人的收入較高（到中共領養，美國世界領養協會 American-World Adoption Association 'AWAA'規定，領養家庭需有十萬美元以上的年收入），花一、兩萬美元去領養一個小孩不是難題，但這對貧窮的國家而言，卻是一筆可觀的收入。何況透過領養關係，可促進經濟、文化、政治的交流，又可疏解一些社會及人口過剩的問題，可說一舉數得。中共早看透這點，於是上下大力發展「女娃娃」輸出。由於中共近年來在這方面做得有聲有色，使大量美國人趨之若鶩，中共從中獲益不少。但凡事有利有弊，中共的一胎化政策，使女性人口大量減少，而「女娃娃」的輸出，使這問題變本加厲，說不定有一天，要爲了疏解過多的男丁而發動戰爭貽害人群呢。

愛的化身

我家鄉在屏東，每次從美回台時，都乘西北航空機到小港，但數年前西北航機突停飛小巷，因此造成很大的不便。有一次爲趕上返美的飛機，我半夜從屏東搭乘「統聯」北上，再在新竹換車駛往桃園機場。我雖已交待司機換車提醒我一下，但心裡仍不很放心。因此，一路上恍恍惚惚，似睡非睡。車子抵桃園機場時，天仍未亮，看看錶，離上飛機時間還有四、五小時，正好可補一下睡眠。於是找一個偏僻、安靜的角落坐下，開始閉目養神。

可能因爲疲勞的關係，坐下不久便呼呼入睡，直到忽然感覺對面有人喁喁細語。聲音不大，也聽不到他們講什麼。但從他們的語氣，聲調判斷，他們可能是一對熱戀中的情侶。我正考慮我是否該換個地方讓他們自由自在去「卿卿我我」，或仍裝全然無事再繼續我的「周公」夢。就在思考中，我突然聽到興奮又嬌滴滴的聲音說：「那我就化身做你的枕頭好了。」男的似乎怔了一下，不太理解說：「你說什麼？」女的好像受了委曲又有點生氣說：「你不是說睡覺時常抱枕頭，那麼我不在你身邊時，你不是就可把它當做我？」然後一片沉寂。我不知道他們正在做什麼，我也不敢睜開眼，怕他們知道我聽到又看到他們，彼此會尷尬。所

以，我強忍了極大的好奇心，仍假裝在睡覺。過了一陣子，才隱隱約聽到男的惴惴地說：「妳化身做我的枕頭，非常好，讓我想念你時可以抱抱它。但如妳想我時，妳要我化身成什麼？」女的嬌嗔地說：「你說呀！你說呀！我已告訴你我的化身，現在該輪到你告訴我你的化身是什麼！」男的被「將了一軍」，一時腦筋凍結講不出話來，過了數十秒，才結結巴巴說：「我願化身做妳的香皂，這樣我就可以吻遍（可惜我聽不很清楚，祇猜想而已。）妳，並讓妳香噴噴，清潔溜溜……」女的格格笑：「你們男人就是喜歡吃豆腐，不懂得溫柔體貼。香皂洗不久就沒了，還是另想一個較美妙的化身！」又是一陣沉寂。

我仍不敢冒然睜眼。「怎麼要想那麼久？」我心裡替那男的擔心。祇聽到女的似乎等不及了，來個暗示：「枕頭與什麼最配對？」男的好像頓悟了說：「床被？」女的拍手低叫：「答對了，真聰明。」男的受寵若驚道：「真的，我可抱著妳，又可蓋著妳……」

哇！多浪漫的情調，多強烈的想像力，又多切合實際。比小孩的「安全毯」高雅（不必拖著它到處走）。也比戒指實用（戒指可看可摸，但比不上枕頭，床被貼體實感。）愛情不但給人帶來力量，也帶來無限綺思。我一時陷入沉思……

我終於聽到他們拉著行李準備離開，我終於勇敢地打開眼睛看看他們到底是什麼樣子的情侶。嘿！老天爺，他們竟然與我的年齡相仿，都是已半百的人了。一時間，百般思緒忽然從心田湧起，不但把睡意完全驅走，還不知不覺間把膝上的手提包（不是枕頭）緊緊抱起來。

啊！飛機趕快飛呀！我已離家一個多星期了。

膽小的好人

C是一個大好人，好像別人有求，來者不拒。她又非常心軟，一件傷心小事，便可賺她一把眼淚，但這些都不是她最好的寫照。她最「膾炙人口」的寫照是她非常、非常地膽小，膽小到幾乎讓人不敢相信，甚至到了令人噴飯的地步。

C非常好客，因此我們常是她的府上客。很奇怪，每當夜暮低垂時，她便立即把窗簾拉下，門窗關緊，如有人夜訪，對方必先出聲，待她認定是熟人後才敢開門。凡是與C熟識的人都知道，若要晚上拜訪她，必須多加這道「手續」。有一晚，全家人外出，僅她一人留守，偏偏這個時候有人來按鈴，她嚇得魂飛軀外，接著又是一陣「咚咚咚」的敲門聲，嚇得她趕緊躲進小衣櫥。好不容易驚魂甫定，突然主臥房的窗聲大響，她以爲壞人要破窗而入，混身發抖，全身冒汗。不料，她竟嚇昏了，直到她的家人回來，她才用滾地出來（嚇得站不起來）。原本沒人知道誰是那個「夜闖客」，直到二、三星期後在車道上遇到了鄰居，謎底才解開。原來鄰居見她在家，想來借點東西，按了門鈴，又到處敲窗，卻沒人應答，C聽了哭笑不得，原來是這個鄰居害她生病一星期。

有一次C全家和我們一起去迪斯尼樂園玩，車甫抵南卡和喬州交界處，C突然停車，並跳出來猛向我們揮手，示意我們停車。看她氣喘吁吁，緊張萬分，以爲發生了什麼大事，只見她手指著前面的跨河大橋說：「橋太高了，我不敢過去，請別人開吧！」從此，她要出遠門，一定事先打聽途中有無高橋，因爲她無法「閉眼」開過橋。

C有一手好櫥藝，她先生拿到博士學位後，便舉家搬到佛州，閒不住的C與人合夥開餐館。有天晚上，餐館打烊後，C突然想起忘了拿一件東西，於是回身，當她打開辦公室的門時，突然有一個人從天花板跳下來，C頓時嚇得大喊大叫，雙手高舉並到處亂竄，誰知那賊兒被這突如其來的「怪招」也嚇破了膽，奪門而逃，C見他跑出去，也一面叫一面跟著跑出去，那賊兒以爲C在追他，跑得更快，一溜煙便逃得無影無蹤。沒人知道那賊兒如何躲上天花板，也不知他在那裡躲了多久，但從此以後，C隨時僱有「護花使者」陪伴著，好不威風呢！

去年暑假我與妻到佛州拜訪C，並參觀她美崙美奐的大廈。C興沖沖地帶著我們去看她的「祕密保壘」。「保壘」藏身在一間特大的儲衣室的末端，那裡擺有一架小電視機，及一隻小凳子，C笑著說：「如果只有我一人在家時，我就躲到這裏來，壞人來時，就找不到我；不過可能我來得太多次，有時不知不覺就跑進來『清靜一下』，特別是心情不好時。」

說C膽小如鼠，有時卻又不大像。老鼠隨時都躲避人，而C固然晚上在家怕見陌生人，但她卻常常在晚上餐館打烊後，一個人開車到三哩外的廢橋上，跟一大群老墨、老黑在橋上

釣魚。我問她：「妳不是最怕滑溜的蚯蚓和魚餌，又最怕老墨、老黑的嗎？怎麼現在三更半夜，卻跑去跟他們鬼混？」她笑著說：「這裡的老墨、老黑都是好人，他們不但唱歌、講笑話給我聽，還會幫我裝魚餌，等魚上鉤了，他們都爭先恐後地幫我把魚放進水桶，他們的確是好人，如果要我三更半夜陪他們去『墓仔埔』，我也不怕。」

C的「怕」與「不怕」，確實與一般人不同，但自有她的一番道理。

偉哉！E-Hikers

北卡三角地區由於地靈人傑，許多外地的人慕名而來，台灣來的就有數千人之多，但因地域遼闊，生活忙碌，平時彼此少有來往，別說要交個知心朋友很難，就是相結識新朋友也不容易。

居在此十多年的董淑英有鑑於此，於一九九六年，她開始召集幾個熟悉的朋友，經常到附近的公園，湖邊，散步聊天。由於這種活動有趣又有益，響應者越來越多，二〇〇一年，風趣熱心，又「獅食」（好吃）的李宗敬當隊長，她們的活動便擴充到東部的海邊，西部的高山，甚至遠征到外州。節目也由單純的走路聊天，擴充到露營，泛舟，野餐，爬山等。此外，她們「每聚必餐」幾乎把附近合乎台灣人口味的大小餐館全吃遍了，把原來的「走路隊」快變成「餓鬼隊」了。二〇〇二年，張楚楚當隊長時，開始設立網站公開E-mail，互通訊息，並以「H-Hikers」爲新隊名。古典美人鄧廣美擅文筆，精攝影，每次聚後並有圖文並茂的「行後報告」並常在網站上，提供社會服務的資訊，她的服務及「週記」贏得大家的喜愛及懷念。在前任隊長吳森洲及現任隊長陳慶榮的領導下，隊員間的關係益形緊密，宛如一家人。平時

大家彼此關心，有事大家協同幫忙。最難能可貴的是，大家相聚時，不論在行走，在車上，在桌邊，歡樂喜笑聲永遠源源不絕，有時竟有幾乎「笑死人」的笑話。在此謹記二則，以饗讀者。為增加「笑」果，特多加一點笑料，請牙齒有鬆動者特別小心，以免笑掉大牙。

講話素來慢吞吞，聲音宏亮的吳大哥，自從數年前在一次靈修會的宿舍裏展露「鼾聲如發動不起來的引擎」以來，他的聲名傳播遐邇。有一次大家到山上露營，晚上搭帳棚竟沒有一個，包括他太太，敢收留他，他只好可憐兮兮，孤零零一個睡在兩樹之間的吊床上，忍受寒風的吹襲，到了半夜，雷聲隆隆，下起大雨，許多人的帳棚進了水，而紛紛跑到汽車裏避難。有人問已躲在汽車內的吳大哥為什麼不叫她們。吳大哥苦笑說：「你們或許以為雷聲是我的鼾聲，叫不叫又有什麼差異？」有人哈哈大笑：我的確是以為如此，以致雨水浸到我床下，我還以為自己「娶尿」（尿床）哩！

李大哥是有名的好好先生及（怕太太）的忠實會員。有一次，他跑到店裡買東西，大家在車內等了半天，他才急急忙忙提著一個袋子趕進來，他解釋說因這次太太沒一起來，特地想買一件漂亮的內褲補償她，但卻不知她的尺吋。考慮再三，只好買大中小三條，說著拿出來給大家看。大家一看幾乎笑翻了。因為小的眞的很小，大的眞的很大。有人問太太只有一個身材，怎麼穿三條不同號的內褲？李大哥笑著說：「要知後事如何？請看下回分解。」好不容易等到下次見面，大家迫不及待問他答案如何？李大哥老神在在，慢裡斯條地說：「那還不簡單，小號穿在股溝上，中號穿在肚臍上，大號穿在奶奶下。」把坐在旁邊的李大嫂羞

得臉紅耳赤，無地自容。有人戲謔說他回去可要跪算盤。他說：「那已過時了，跪 heater 才夠「汗流如雨，『感』急『零涕』。」

記得在中學唸「論語」時有一段「盍各言爾志」。孔子問子路，冉求，公西赤，及曾點，個人的志向。前三者自鳴得意說要強國，富民，及重禮儀。獨獨曾點彈一下琴才說：「慕春時節，穿著單衣，同五六位成年人，六七個少年，去河裏洗澡，在舞雩台上吹吹風，一路唱著歌走回來。」孔子聽罷拍手：「吾與點也」（即我贊同點的想法）孔子一生波折，不甚得意。感嘆人心不古，勾心鬥角，自私貪婪，與他的理想相去太遠。如今聽到清歌一曲，美詩一首，怡然自得於大自然界，與同好共沐春光美景，共享歡樂執情，不禁讚嘆這是儒家所追求最高精神境界及美滿人生。曾點所做，孔子所望，不正是今日 H-Hikers 所做所望的嗎？況且，曾點的同樂伙伴全是小男孩及大男人，而沒有異性。而 H-Hikers 的成員從嬰孩到八十多歲的男女都有，更多的是夫婦同行，甚至有幾個老外（台灣女婿）和幾隻狗。大家同歡共遊，肚飽心滿，後一路聽CD唱歌，乘著汽車回家。這豈是二千多年前曾點所能望其項背者乎？

偉哉，H-Hikers！

開悟

W在北卡時，是我的網球伴。後來他搬到佛州去。有一天，他在下班途中，突被一位存心要自殺的少年迎面撞上，那少年當場死亡。W雖命大未死，但從此變成跛腳。十幾年前，我去佛州拜訪他時，發覺他不但沒從網球場上退下，反而比以前更狂熱，常爲搶救球，把全身豁出去，完全無視他的缺陷及安全。我笑著向他說：「我不敢跟『拚命三郎』打球，免得鬧出人命，失去朋友。」他反唇相譏說：「如打不過我，就認輸吧！別找理由下台階。」我聽其他朋友說，他受傷痊癒後，不但沒沮喪，反而因看破人生而活得更積極，更有衝勁。他常說他的命是撿來的，要更珍惜。凡想做或愛做的事就放開心懷去做，不要畏三懼四，更不必計較得失。本來他在杜邦工作，又開旅館，後來他統統放棄了，搬到早已心儀的加州去過逍遙自在的生活。

半年前在我們北卡三角地區有一位F女士，因急忙中站在床上換衣服，一不小心，「倒頭栽」撞到地板，脊椎骨斷裂，而造成半身不遂，本來生氣逢勃，非常活躍的人，卻變成「吃喝拉放換洗睡」全不能自立自理，而須仰賴別人，本來歡樂滿堂的家庭，卻因要照顧她及應

付龐大的醫療費用而愁雲滿佈。幸好經過六個月的折磨後，她們終於領悟出除自己本身盡力外，其他的事統統交托給上帝，才使事情團轉過來，許多人聽到這不幸，都很惋嘆地說：「啊呀！當初怎麼那麼不小心呢？」問題是，不論妳怎麼小心，這種不幸的事每天仍成千成萬不斷在地球上發生。有些事情妳可能非常小心，也非常專注，但意外的事仍無法避免。因爲它有時是出乎人類智慧及能力之外，讓我舉一個我本身發生的事吧。

最近法蘭西絲颶風登陸佛州。爲防患她來北卡肆虐，我協助兒子把房子四周具有危險的樹砍掉。我非常小心把繩子套在樹幹上，並躲在一棵大樹的後面，以爲萬無一失。那知，樹倒下時，撞斷另棵樹的支幹，那支幹拐彎末角，不偏不倚，掉到我頭頂上，一時血流如注。老友黃醫生幫我縫三針時說：「不幸中之大幸，樹幹再粗一點，你可能不是躺在棺材裏，就是癱瘓在床上。」我眞的沒想到事情會那麼嚴重。

有人問我對這次意外有何感想，我說：「如果上帝要我去陪祂，我能不捨去一切，不遵從嗎？這次意外，使我深深感受到生命是何其珍貴。如果沒有生命一切都成虛無。什麼名利，愛情，權力，都完全落空。但生命又何其脆弱，無常，我們只能時時感恩生命的存在，並克盡全力「把握當下」，享受，實踐生命的眞諦。

回頭草

前幾天參加F的喪禮回來後，我的心情一直很鬱卒，爲什麼好好的一個人最後落得那麼悽慘？

一九九二年，F隨丈夫帶二個小孩從台灣移居北卡，追求人生的美夢。丈夫十二歲便投身餐飲業，來美後，名正言順投入小姑的餐館。F的丈夫工作勤奮，性格內向。F則十分外向，但因英文不太靈光又不會開車，很少出門與外界聯繫，都靠中文報紙及電話聊天度日，來美的頭幾年雖然生活清苦些，卻也相安無事。

後來不知怎麼地，F突然懷疑丈夫有外遇，疑神疑鬼起來，並時時查勤，弄得全家雞犬不寧，最後夫妻倆竟至暴力相向。F終於向婦女保護中心投訴，並由本地一位志工熱心協助翻譯，而使這件家庭糾紛進入司法程序。丈夫雖有女兒袒護，依然敗訴，且被迫不得靠近屋子。二個孩子則自願選擇與父親同住，以致造成F完全孤單。

F雖分配到全部銀行存款，但生活仍需極端節儉，加上沒有醫療保險，又不會開車，不學英文、不找工作，整天在家坐吃山空。而在遠方的丈夫必須辛苦工作，要照顧二個小孩，

又得與F打官司，一下子變得骨瘦如柴，體重直線下降到僅剩一一五磅，憔悴不堪。許多友人見狀，想撮和他們破鏡重圓，但是兩人總是說，「心碎了，不會再吃回頭草」、「怕夠了、緣盡了……」。如此，一晃七年就過了。

數星期前F突然出現在闊別已久的教會，她除了臉上因牙痛腫脹有點淤青外，似乎一切如昔，沒什麼異狀。隨後牧師娘及幾位朋友打電話給她，並登門拜訪都無人來應門，後來經過F的女兒通知警察及消防隊破門而入，始發現F早已死亡一星期以上。據法醫說，F可能腦中風發傷，因無人救助而過世。

F去世之後，她的丈夫及二個子女對她前嫌盡釋，爲她辦了一個頗爲體面的告別式，F終於在衆人的嘆息聲中劃上人生的休止符。

事後，F丈夫告訴衆人，他們倆人並無不共戴天之仇，卻因小小誤會而至漸行漸遠，沒想到會落得如此下場。F生前刻苦節儉，日常花費錙銖必較，到頭來還不是雙手空空？當初如果兩人沒有那麼衝動固執，又沒被人的「幫倒忙」，事情可能不會演變到不可收拾的地步。F丈夫認爲世人應該可以從他們身上獲得到一些教訓，他以自身痛苦的經歷提供一些忠告：那家夫妻沒有勃谿爭吵？如果不能改變對方，那就改變自己吧！心胸寬弘一點，嘴巴甜蜜一點，頭腦呆笨一點，則大事化小，小事化無，萬事化險爲夷。

不要堅持「好馬不吃回頭草」的謬思。如果一路前行遇到懸崖或一片沙漠，不吃「回頭草」，難道要殉道或餓死？吃「回頭草」不一定是壞事，面子雖然重要，但是自身幸福更重

要。面子是給別人看的表相，幸福則是給自己享用的。

夫妻之間「床頭打床尾和」，本是古今中外司空見慣的平凡事。局外人除非了解其間是非曲直，否則千萬別自作聰明，去硬插上一腿，當雞婆和事佬，一但處理不好反而幫倒忙，使得單純的情況變得複雜，到頭來弄得自討苦吃，自討沒趣，三敗俱傷，意圖積德反成了作孽。

聖經啓示我們，萬事需以智慧來行事。如一意孤行，感情用事，最後弄得上帝也撒手不理，才眞是慘哩！

大血拚

吃完感恩節大餐後，妻提醒我，今晚要早點睡以便明晨一大早起床。

我驚訝地問：「什麼事要一大早起床？」

妻說：「難道你沒看電視或報紙報導嗎？明天是美國傳統一年最大的『血拚』（shopping）日，許多公司行號都大打折扣，傾銷哩！是許多商家轉虧爲盈的『黑色星期五』。」

我說：「有多大？二十%？三十%？」

妻說：「唉！你們男人眞不懂行情，如果僅二十%，三十%平時就有了，是沒什麼稀罕，至少要五十%以上才吸引人。譬如，你一直想要的數位相機，原價四百元，現在才一五四元而已。」

我說：「哇！那是六十%以上的折扣？在什麼地方賣？我想去看看。」

妻答：「那是Wal-Mart，但我要去別的Mall，所以，明天我們各自去，記得明晨五點起床。」

我說：「五點？天都未亮，據天氣預測，明天是今年入秋來以最冷，不到華氏二十度。

我們都瘋了嗎？幹嘛要那末早？」

妻笑說：「不瘋，她們怎麼賣得那麼便宜？不瘋，我們怎麼去搶買？」

我來美三十多年了，跟大部份男人一樣聞「血拚」而喪膽。萬不得已，才衝進店裡，拿了東西就走。是「速戰速決」式的，與一般太太小姐那種「悠哉游哉式」的「磨菇」大不相同。往往我把東西拿回去妻一看便瞪眼罵說：「怎麼那麼土，又那末貴？快拿回去退，改天我再替你買又好又便宜的。」

十之八九我都會抗命說：「算了，太麻煩了，我不嫌棄，妳還叫什麼叫？就讓別人多賺一點，免得賠本關門呀！」

妻跟大多數的女人一樣總說：「你們男人太懶了，又常找藉口。請放心沒人會做賠本生意，那些打扣越大的店生意越做越大。我們女人會貨比三家，絕對不會吃虧上當。」

老實說能省三百元幾乎等於來回美東西岸的機票，眞誘人呀！說也奇怪，那晚，我竟莫名其妙興奮得像小孩要去遠足那樣，輾轉難眠，不到五點便起床了。

妻起床打扮後，沒吃飯喝水便要出門。

我說：「吃了再走吧！」

妻邊走邊說：「沒時間了。何況，吃了要上廁所。太麻煩。你自己要快點，免得錯過機會。」說完一溜煙便走了。

眞是「活見鬼」買東西要這麼拚。我心裡有點不服氣。於是，坐下來看電視再磨菇一番。

廣播員好像開我玩笑說：「如果，你此刻仍坐在家裡看電視，你已可能失去今天特價的機會了。」

是眞的嗎或是廣播員在耍噱頭？我仍有點不信邪，但我還是很快就出門了。車上大馬路後，看到來往的車輛之多，簡直是上下班的尖峰時刻。但此刻六點不到天尚未亮，難道大家都是出來「血拚」的嗎？這個問題馬上就找到答案。整個龐大的停車場都停滿了車，而且車輛仍源源不斷地開進來，我繞了一二圈後，才再在邊緣找到一個空位。我把車停好，便疾步往大門走。只見車道及門口擠滿人潮及手推車。我費了一番勁，才擠到相機部。當我把廣告單拿給店員看時，他搖搖頭說：「很抱歉，你已遲了二十分鐘了。六十五個相機全部賣光了。」我無可奈何地問：「那麼，能不能給rain check？」他說：「對不起，這種特價賣光就沒了。」我失望地走出來，但我心不甘，再試其他地區吧。於是，我再開十多分鐘車，到另一個Wal-Mart，但車尚未到停車場，就知道情況不妙，因爲車隊已排到馬路上了。我在外面等很久才進到裡面，但進去不到三分鐘，我便狼狽而出，因爲所有我要的相機早被搶光了。看樣子，那廣播員講對了我已錯過了機會。

回到家我試著打電話給一些朋友，卻驚奇地發現沒有一家的太太是在家。「她們全去『血拚』了。」，留守的丈夫告訴我。會不會只有我們這地方的人發瘋？我順手拿起電話打到紐約朋友家去。他知道我來意後，哈哈大笑說：「華氏二十度，五點出門算什麼？我們這裡溫度不到十度，而我太太及女兒今晨三點多就出門了。」我問：「那你在家幹什麼？」他：「看

小孩呀！」我笑著說：「看來，今後每年十一月的第四個星期五應該訂爲「婦女萬歲節」因爲這天婦女可自由自在把先生小孩留在家，自己出去「血拚」直到心滿意足才滿載而歸。多痛快，多過癮！」朋友拍手附合說：「講得好！應該，應該！」

我家沒小孩可看守，但我還是乖乖呆在家。過了中午，才看到妻大包小包全身披掛，興沖沖走進來大叫：「太好了！要給孫子孩子及其他親友的禮物都差不多買齊了。眞累死，不過，很値得。因我替你省了六十%以上。我從早上到現在，還未進食，快餓死了。我們就到外面吃吧！」

我說：「不必啦！午飯已煮好了，就在家吃吧！可以省八十%以上！」

人生的第一課

小時候，母親常半讚揚半警告我說：「你心軟又粗心，可能會吃『歹心人』的虧。」父親也同樣告誡我：「你對朋友過分熱心，可能會上當。」可能生長的環境單純，年紀又小，我童年的生活雖然有些挫折，但談不上吃大虧上大當。

大學畢業，我很幸運被分發到岡山空軍機械學校當預官。不但工作輕鬆，每天都可回家，有一天久別的C突然到我家來。C是我大學學弟（實際年紀比我大）因同是棒球校隊隊員，常見面。他開門見山就說：「你，需要我幫忙，否則恐怕畢不了業。因爲我的畢業考，有一門必修課，考得很差，恐過不了關。」我說：「可補考呀！」他焦急地說：「我常逃課，這門課我最沒把握，就算補考，鐵定過不了關」他頓一下，說：「聽說你與H教授很熟，請你幫我去講」說完眼淚幾乎掉下來。看他老遠跑來，又那麼緊張可憐，我一時心軟，便帶他到台南找H教授。H教授年高德劭，單身獨居，學生都很敬愛他。H教授聽說他太太懷孕，又得半工半讀養家，很受感動。當場答應盡力而爲。走出門後，我問：「你什麼時候結婚？我怎麼都不知道？」他擠眼給我一個神祕微笑說：「我們相別已一年多，許多事你都不知道

哩！」因要趕回機校報到，我們隨即分手。

幾個星期後C又到我家來。這次，他春風滿面，得意洋洋，帶我去吃飯。席間，他告訴我，他馬上就要到台北上班，是一個非常高薪的工作。並說，他認識一家日本貿易公司的大老闆。她們正需要人。如果，我有興趣，他願意介紹，保證十拿九穩。我說當然很願意。C回去不久便來信，告訴我公司的行號及地址，並囑我就此等待佳音。我認爲這簡直吉星天降，一退伍便有好工作等我。眞的很高興地等。但等了很久，卻一直沒下文。當時，我正與現在的太太熱戀，心無旁騖，似乎沒警覺到事情有些蹊蹺。倒是母親有一天說：「那麼久沒消息，可靠嗎？」我說：「請放心，他沒理由或動機來騙我，可能太忙吧？」過一陣子還是沒消息。這次，父親說話了：「你還是小心點，最好親自到台北一趟。」我不願對朋友表示不信任，但父命難違。我只好硬著頭皮北上。我長居南部，很少到台北。好不容易才找到的地址，卻發現不是所謂的日本貿易公司。問了許多人都沒有人知道。我很緊張，又很想要去找C算帳，但冷靜下來後，想想就是找到C又能怎樣？搞不好，衝突起來鬧出事情，豈不更糟？最後，只好悻悻地搭夜車回屏東。

這趟夜車大概是我自出生以來最難過的一程。徹夜未瞑，整個腦子充滿了無數「爲什麼」及「怎麼辦」我沒得罪他，與他沒有利害恩怨關係，他怎麼作出傷人不利己的事？我自怨自己像隻未出巢的「菜鳥」，剛一趁翅便一頭栽到地。眞是出醜，我怎麼有臉回去見「屏東」父老？

回到家，可能是我難看的表悄，家人不敢深問，更不敢苛責。只勸我趕快去找工作。我從小就像長在溫室裏的花，從未體會過外界的風雨。不但不知何處去找工作，更不知要找什麼工作。聽說教書最單純，我就到學校去打聽。那知，學校的人一聽就說：「怎麼現在才來？都快開學了。」不但如此，我又聽說要當教師需要先送紅包。天呀！這簡直要我的命，完全與我的個性不合。怎麼辦？我眞急死了。有一天在街上，突然遇見多年未見的高中導師。他問我近況如何？我據實以告，他聞言道：「讓我去找教務主任及校長看看。」二三天後，導師騎腳踏車到我家，告訴我好消息，我已被錄取了。就這樣我「吊上火車尾」在屏中教了三年書。這期間我曾打聽C的下落，但沒人知道他在何處，也不知道他在大學時是否已結婚。如果他未結婚而騙了慈心的H教授說他已結婚，這就太罪大惡極了，況且讓教授誤以爲我是他的共犯幫兇就太冤枉了。我發誓有一天我碰到他時，非問個水落石出不可。

十四年後，我第一次從美國還台省親。從台南回屏東的火上車，竟不期而遇見C。首先，我們驚訝地互瞪一下，接著勉強尷尬地握手，然後彼此站著不知要說什麼。C衣著儉樸，神情寞落，瘦臉上浮出早生的皺紋，頭上黑白髮雜陳，看來有點衰老。我一股憐憫同情之心油然而生。以前積存的千言萬語，居然吐不出口來。今天，我記不得我們曾談些什麼，也記不得我們怎麼分手。但我很清楚，那天我們都沒提到當年的事，好像事情完全沒發生一樣。

我回美後把此事告訴太太，她回應說：「你這樣做很好，沒挖舊瘡疤。寬恕是解除怨恨最好的良方。何況，如果你當年去從商，說不定你就沒來美國，而我們就沒今天了。所以，

你還得感謝他，因他改變了你的人生路程。」

她說得眞對，很多事情從另一個角度立場去看，其感受，結果就是不一樣。所以，凡事不要太執著，把心胸放開些，人生就快樂多。這是我四十年前播下的第一顆種子，現在開出果來。

人性的差距

我平時工作時不太吃零食，也沒時間吃。但今天因意外下雪，生意清淡突然想起昨天兩位年輕醫生夫婦送來一大盒好吃又新鮮的麵包點心，口饞就來了。平時買菜我太太自己去，便是我兩一起去。但因擔心路滑，毋甘太太冒險，只好「御駕親征」開車到對面新擴建的大亞洲商店。

我一走到櫃檯前，一位皮膚稍黝黑的小姐便很親切招呼道：「你來得是時候，因下雪，現在『買一送一』」我說：「太好了，本來只想買二人份，就買五人份吧！」

在檢購過程中我用台語問那位小姐：「有沒有蕃薯？」她似乎聽不懂。於是，我改用普通話。這時一位身材修長，打扮鮮豔的小姐從後面走出來說：「我來找。」我一看到她再聽她說話，很清楚她是道道地地的大陸妹。她說著，用她的玉手在一大堆餅裡翻出一個來。我看它油油又有點僵硬，便說：「請再找找看有沒有更好的？」她又用玉手去翻很快就找到一個，但我看並沒有比剛才的好。我說：「昨天，有人送我二塊又溫又軟又好吃。聽說你們這裡早上十點及下午二點，各新出爐一次，現在是二點半應該有新出爐的吧！」那位「艷」小

姐聞言馬上杏眼倒豎尖聲道：「你說什麼？開什麼玩笑？你沒看到外面在下雪嗎？我們就要回家了，怎麼再出爐呢？」我說：「這是你們打的招牌，何況雪在半小時前便停了。」她有點不耐煩地說：「到底買不買？不買，我就收起來了。」爲了不煞風景，我說：「全買了。」當她告訴我多少錢時，我說：「這好像不是『買一送一』的價錢吧？」她厲聲叫：「我已自動給你減二元了，你還想減多少？」我說：「買一送一是那位小姐的，妳也聽到的呀！」但那位「艷」小姐死不認錯地說：「她講錯了，應『買五送一』才對。」說完，她臉轉一邊，跟另一婦女講話，好像我已不存在了。

我一生最怕就是碰到台語所說的「查某人『花』」（無理取鬧）爲了避免血壓過度高漲，碰到這種人時，最好自認倒楣，敬而遠之。

十多年前我和太太參加在美國組成的旅行團到中國大陸去，因太太手指裂傷到「友誼商店」買 band-aid。我們向櫃檯的小姐說明來意。她竟眼睛都不眨就說：「聽不懂，到那邊去問吧」我們順著她的手指的方向走到另一櫃檯。很不幸又碰到一個「死人面」的小姐。她聽完後指這個櫃台很遠的地方說：「到那邊看看吧！」我們到那邊一看，東西全放在玻璃橱內，沒辦法拿。於是我又得繞回去找那「死人面」。她很不情願，嘴裡咕咕地帶我們去把東西找出來。當我們要付她款時，她卻說：「付款在另一櫃檯。」然後秀手一指便轉身她去了。我們在她所指的地方來回幾次就是找不到，沒辦法，只好問二個低聲交談的小姐。她們說：「就是這裡。」我不解地問：「怎麼看不到收銀機？」她們聞言有點莫名其妙地笑：「什麼收銀

機？我們是打算盤，寫收據的。」唉！買一包東西要花二十分鐘，又受不少氣及白眼，這是典型的「友誼商店」嗎？我眞是服了。

隨後我們到桂林坐船遊離江，同船有一大群台胞，日本人。上午十點不到，就聽到有台胞大聲向服務員叫：「開飯，開飯。」服務員戰戰兢兢說：「我們十二點才開飯，現在還早哩。」有二三個台胞顯然聽了「不爽」大叫：「什麼？我們出錢還要聽你的命令嗎？趕快叫老闆來。」不久老闆來了，必恭必敬地說：「你們要早開飯，就早開飯吧！」這群台胞在四周圍的人靜靜欣賞沿江美景時，竟然惡聲惡形大吃大喝起來，午飯後我和太太偶然走到船底艙的後邊看到一群人掏河水洗碗碟我問：「剛才，我看到有人在河邊洗衣服倒馬桶，這水是清潔的嗎？」這群人好像把我當外星人，聽不懂我講的話，只是傻笑點頭。我回到上艙問服務員，他聽了竟哈哈大笑說：「離江水那麼大，一些髒水怕什麼？我們有水用就不錯了！」我不敢問下去，我們中午喝的湯水是不是也從這裡掏上來的？他們是不是把洗腳水讓那些作福作威的台胞喝？我們團裡有人不相信世上有那麼缺德的人。第二天到西安，便有三個年輕人脫隊打「野餐」去，當晚回來上吐下瀉，差點第二天趕不上隊。

「牛牽到北京還是牛，北京狗帶到美國還是狗。」不但動物的本性難改，人的本性也很難改。曾經是全世界最富有的威爾商場的大老闆，山姆威頓是窮人出身。他一生只搭他過一次頭等艙飛機，與員工出差時也遵守公司二人一房的住宿規定，而他最膾炙人口的標誌，就是他常駕駛國產小貨車。這當然不是他花不起，而是他早年窮慣了，本性難改。他是非常人

已經那麼難改，一般人更不必說了。

就如同我中學同學陳茂雄教授指出：兩岸的人要統一談何容易，其中兩岸人性的差距就是一個大問題。如硬要兩種非常不同人性的人「送做堆」絕不是「造福」，而是「造孽」。

我們不可不慎重呀！

人生轉捩點

有位女孩羅患先天性肌肉萎縮症，全身肢體癱瘓，生活起居全賴別人協助，她不但沒沮喪也沒愁眉苦臉，反而整日笑嘻嘻，見到她的人一定很驚奇的問：「什麼使妳這樣快樂？」她笑說：我除了這張臉外，全身一無是處。如果我能讓人知道，像我這樣無用的人，每天仍能感恩，樂觀快樂，一定能增加許多人的信心。」的確，許多見過她的人都受到莫大的鼓舞。

世上沒有人是完美無缺的，也沒有人一生只有成功而從不遭遇失敗，但成功的人往往把焦點放在省思，奮鬥及等待機會上面，而一再失敗的人則怨恨、詛咒、頹喪不斷。

下列故事甚有啓發性：

許氏夫婦於三十多年前隨留學潮來到美國，許先生爲成全太太熱愛藝術的宿願，先是打工支援她。許先生出身富裕家庭，未曾吃過苦，但一踏上美國的土地，馬上顯出臺灣人勤儉的本性。他從黑手做起，每天在汽車間忙進忙出，一天工作完畢，原本白淨淨的他，幾乎變成黑人，雖然辛苦賺的錢也不少，也很適合他的興趣與專才，但他感到每天雞同鴨講，無法與外國人打成一片，不是長留之地。於是趁女兒剛出生時，找個理由，轉而投入終日可『鴨

鴨叫』的中國餐館當待應生。由於他聰明又賣力，不久館前廚後十八般武藝全稱心應手，身邊本來就有些錢，於是順理成章當起餐館老闆了。

餐館生意有著雜七雜八永遠做不完的事，許先生夫妻倆早出晚歸，回家常勞累不堪，一沾到床就睡著了，不但女兒無法好好照顧，更不敢有再生男孩的念頭，久而久之，也幾乎忘了這件事。直到許太太年近四十，忽然又想到這個未了的心願，幸好皇天不負有心人，許太太不久後就發現懷孕了，而且是男胎，夫妻倆不禁喜出望外，歡喜終於有人傳宗接代了。但高齡產婦容易生下智障兒，許太太做了仔細的產前檢查，確定胎兒正常，才勇敢把期待的兒子生下來。Robert的來臨帶給全家無比的歡樂，不但祖母、姊姊遠從台灣來迎接這個新生命，親友也絡繹不絕的來美國探望，使家中充滿著幸福的氣息。

Robert長得斯文清秀，兩頰粉紅，笑口常開，他善良又善解人意，非常討人歡喜。但是Robert的體質異於常人，經不起激烈的運動，往往在跑跑跳跳之後，其他小朋友若無其事，他卻氣喘如牛又喊胸痛。Robert的父母認爲他太秀氣，像個小女生，受不了激烈運動。爲了改造他，許先生特別帶他去上空手道。空手道的暖身運動很激烈，Robert常做不到一半就氣喘如牛，無法繼續，當時大家都認爲他不喜歡運動，因此以胸痛爲藉口，久而久之大家也習以爲常，見怪不怪了。

有一個星期天，Robert突然雙手抱胸，心痛如絞，臉色發青，身體扭曲，一看便知不是裝出來的，於是急忙將他送到醫院急診室。一般而言，美國的急診室不是隨到就診，因爲送

診的人太多，醫生又少，常常由實習醫生或資淺的醫生處理。Robert 等了很久，才見到一位年青醫生，那醫生檢查後斷定Robert的心臟有問題，但他不是心臟科醫生，因此不能進一步治療，建議等到下星期二心臟科醫生來上班時再就診。Robert 被送回家等候，一夜無事，第二天夫妻兩人照常去餐館工作，臨走前吩咐姊姊 Jennifer 看顧他。Jennifer 比 Robert 大六歲，非常疼愛這個小弟弟，兩人平時相處也很融洽，但星期一那天，Jennifer 有很多功課要做，而Robert 卻一直在她的房間大聲呻吟不止，Jennifer 一氣之下，叫 Robert 到客廳去，Robert 很不情願地走到客廳。不久，Jennifer 突然聽到 Robert 一聲尖叫，趕去時只見 Robert 兩眼一翻，雙腿一伸，倒在地上不動了，Jennifer 驚嚇之餘，趕緊打電話給爸媽，並通知九一一。許家住在郊外的山區，急救隊到時 Robert 已回生乏術了。

許先生非常生氣，揚言要控告那位失職的醫師，那位醫生也爲當時未作出正確診斷，適時告知Robert心臟病的嚴重性而致歉，但許先生無論如何無法原諒他犯下的致命過失。這家經此青天霹靂，頓時陷入愁雲慘霧中，歡笑自此消失，全家人整日板著面孔，沉默寡言，每個人心裡都有著無比沉重的內咎。全家人都覺得Robert的病狀早已顯露警訊，可是他們卻毫無警覺，還錯怪 Robert 裝模作樣要討人憐，甚至還對他冷嘲熱諷。

許太太自責在生前愛他不夠，與他相處時間不夠長，他們怨餐館生意佔據他們太多的時間，以致留給子女的時間所剩無幾。

Jennifer 目睹 Robert 的死狀，恐怖的形象深入腦海，揮之不去。她十分自責爲何在 Robert

去世前的幾分鐘還對他大吼大叫，要他滾出房間，讓他孤獨的承受死亡的痛楚。如果她知道Robert已染重病，就是要她放棄學業，甚或世上的一切，她都會毫無條件的陪他走完人生最後的一段。但這一切的一切都成了過去，再也無法挽回。對於年僅十六、七歲的少女，這是何等沉重的心理負擔。尤其在Robert去世之後，成天聽到父母開口Robert，閉口Robert，似乎Robert才是他們唯一的子女，對身旁的她視若無睹。對於她的憂傷、她的心聲，他們更是無心聽，也不願去聽。Jennifer更無法了解，爲什麼受過高等教育的父母卻要聽信江湖術士的話，不把Robert埋葬在美國，好讓他們隨時憑弔，反而把Robert的骨灰送回台灣？又相信Robert因上代因果關係，必須在陰間忍受貧苦的煎熬，因此要時常隔洋燒金紙、銀紙去接濟他。Robert的死，在她與父母之間造成了一道難以跨越的鴻溝，使親子關係變得很緊張。

許先生驟失愛子，心中的痛苦不言可喻，他想盡辦法企圖讓年近五十的太太再爲他生個寶貝兒子，所有可能『懷孕』的藥方、祕方、技術幾乎都嘗試過了，可惜就是「金雞母下不了蛋」，毫無音訊。許先生絕望之餘，常威脅要離婚另娶，以便傳宗接代。夫妻間爭執不息，無日安寧，眼看一場家庭悲劇就要上演了。

幸好，他們都是有愛心的人，對彼此的關愛使全家沒有因痛苦與自責而繼續沉淪。他們從痛苦中學到寬恕，從爭執中學到了解，從失望中學到盼望，他們決定給自己一個機會，轉換一條全新的人生跑道。

在Robert死後一、二年，他們把多年來辛苦建立的餐館賣掉，兩人攜手雲遊天下，舉凡

亞洲、歐洲、美洲的名勝都留下他們的足跡。在遊覽中，他們欣賞了大自然之美，也接觸到各色各樣的人，漸漸體會到生命的無常，進一步珍惜人生的眞諦。以前他們看到別人活潑、可愛的小男孩，就不知不覺愛恨交織，羨慕別人有的，怨嘆自己沒有的，但隨著見識變廣，心胸也變寬了，看到別人活潑可愛的小孩，無論是男是女，他們都由衷的祝福他們。慢慢的，他們內心的傷痕癒合了，與女兒的關係也改善了許多。最重要的，他們又振作起來，再回去經營餐館生意，但這次他們沒有再犯同樣的錯誤，就是不再做金錢的奴隸，他們懂得忙裡偷閒享受人生。他們同時也學會了用人、信任人，所以，不論餐館如何忙碌，附近的人都常可看一對半老夫妻攜手並肩，悠哉悠哉的在街旁散步，羨煞許多路人。

有人問許氏夫婦他們人生的轉捩點是什麼？他們說：「以前是怨恨——怨沒得到的，恨已失去的，而現在轉過來是愛惜——愛生命，惜現有的，有了愛惜之心，自然而然就產生忍耐、體貼、諒解、寬恕，而不再那麼暴躁、忌妒、小氣、自我中心，以前我們怨恨那年輕醫生時連帶所有的醫生都怨恨，我們心裡的負擔也蠻沉重的，現在我們的心情輕鬆了，也對許多醫生由衷的感謝及敬佩，甚至我們也鼓勵我們的兒女去學醫哩。」

離不離？理不理？

說來眞奇怪，許多夫婦結婚二、三十年，甚至四、五十年，人生的大海大浪大多已經歷過了，卻在快要「近岸」時發生「茶杯裏的大風暴」，鬧得驚濤駭浪，驚險萬分！搞不好甚至「船翻落海」各奔前程。這絕不是危言聳聽，我垂手便列舉到幾個例子。

例一：一對堪稱「男才女貌」的模範夫妻，在快臨退休之前，忽然妻驚爆丈夫打人，而訴求離婚。

例二：一對七、八十歲已經當曾祖父母的夫妻，丈夫是典型的大男人主義，沉默寡言，卻固執又死愛面子。妻子是賢母型，吃苦耐勞、外柔內剛。兩人衝突起來「一個大聲，一個毋驚」。一件雞毛蒜皮的小事可演成驚天動地，甚至大打出手。

例三：有一位被戲稱爲「孝妻」博士的好好先生，有一天回家竟發現「嬌妻失蹤」。費了九牛二虎之力把妻找回來，所得的報償是：「愛情的火花已熄滅了。」

例四：有對七老八老的夫妻，雖有四、五個小孩，他們卻長期聚少離多。相聚時總吵吵鬧鬧，不得安寧。

後來呢？

例一：他們眞沒有「第三者」介入。丈夫也表示要「改過自新」，但妻子覺得丈夫誠意不足，沒有「自新」的跡象，終致離婚。

例二：兩老不和而分開各住。數年後丈夫終於撒手歸西。老妻雖老淚潸灑洒、十分不甘，卻如釋重負地說：「如今你到天國自由去了，我在地上也自由自在了。從此沒人管我吃什麼、說什麼、做什麼」。

例三：再熾熱的「孝順」也無法搏得那「失去愛情火花」的嬌妻「回眸一笑」。不久，祇好「勞燕各自飛」。女人的心跟「心上人」結婚。男的雖「傷心」一陣子，卻也得如花似玉的意中人的芳心，而再浴愛河。

例四：老妻不久前「蒙主寵召」。此後老夫失魂落魄，常向人道：「失去後才體會相聚時的可貴。現在我才覺悟我們像是同一塊泥土，我中有她、她中有我。她走了，也帶走我的一部份」。

以上的例子有一些共同點：他們都已結婚很久了，小孩都已成長離家，經濟無須仍賴配偶。他們彼此有些失望或厭倦，並且不相退讓言和。他們的問題以前就有，只是現在更嚴重罷了。

許多專家指出：「在漫長的婚姻中，每對夫妻多多少少都會有些問題，那是正常的。而那些完全沒問題的，才是不正常」。問題是對「那些問題」要如何處理？離或理？不離也不

理？

有些宗教宿命論如佛教的因果律認爲夫妻相欠債，除非債已清，否則業障不能消。基督教也主張除非特定的因素，夫妻是絕不輕言離婚。很多夫妻不離也不理，多少受到這種「戒條」的影響。上述四個例中，有二例是離婚，二例是死離。雖不幸但似乎「各取所需」。不過，也不能因爲這樣就認爲「離」是好的。因爲每一個人的情況都不相同，結果也不會一樣。不久前，我曾寫一篇「回頭草」，文中就敘途一對本是恩愛夫妻，卻因「妒」而生齟齬。加上第三者過度「雞婆」幫倒忙，而導致離婚，最後變成悲劇收場。所以不能看別人的離婚是好結果，便以爲自己也會有善終，也不能因別人離婚的後果悽慘，便不敢離婚。

一般人「勸和不勸離」，其出發點是善的。特別對有漫長婚姻的人，已有數不盡的糾纏：小孩、感情、人際關係、財產等，是「斬不斷、理還亂」。所以，想「離」的人，要徹底想清楚，而且要有很大的勇氣及決心，才不會反覆無常徒增痛苦。

至於不想「離」而想「理」的，老實說也不是一條容易走的路。如果一些問題已拖了數十年，絕不是現在三言兩語或三五天便可解決的。不過，問題的解凍比挨凍不解好。能得一些溫暖，舒解一些痛苦總比常對冷冰冰的臉孔強。下次有機會，再談談一些「舒解」的「撇步」吧！

旅遊歷險

亞馬遜河歷險記

陳黃素娥

參加旅遊是我最喜歡的一項活動，因爲除了增加見聞之外，可以結交些朋友，其樂無窮。此篇「亞馬遜河歷險記」，是今年三月底到四月初我們一團十幾人到南美大陸旅遊當中的前段部份。團體當中是有些愛好探險的人，也就是彭良治先生夫婦、廖國仲先生夫婦、郭來哲先生夫婦，還有北卡的李彥貞先生，加上我這個七老八十的人共八人，竟然糊里糊塗的聽信當地嚮導的話，也沒有考慮到人家是財迷心竅，而且他們的所謂「No problem」的標準與我們所想的標準相差一萬八千里，就坐上一破舊不堪、由當地印地安人所駛的小舟到尚未開發的亞馬遜河上游探險。而經歷了多次驚心肉跳又不敢大聲叫的危險場面後，終於所謂「吉人有天相」，大家在有驚無險之下歸團。事後我們回想此一經歷還心有餘悸呢！

我們這群由紐約台灣商會帶領的南美旅行團，好像早就注定要變成緊張、刺激的探險隊似的。我們一行十四人在團長彭良治及領隊邱文昭帶領下，浩浩蕩蕩抵達甘乃迪機場時，原以爲馬上搭飛機就可以離開寒冷的紐約，飛往風光明媚、溫暖的邁亞米。沒想大家到達機場機卻發現，我們的團員約有一半竟然沒有座位，我們一時不知所措，正當大家七嘴八舌到處

奔走交涉時，我們原訂的飛機卻已遠走高飛了，這一下我們可更急了。我們馬上向航空公司及旅行社嚴正交涉，但急驚風卻遇到慢郎中，一班交涉中的飛機又在手腳慢吞吞的辦事員延誤下又飛走了。這架飛機一飛走，我們更像熱鍋上的螞蟻了，我們開始又吼又叫，後來打聽有一架螺旋小飛機要去華盛頓，而且在十五分鐘內必須起飛，許多團員從來未坐過這種小飛機，覺得好像要賭命，心裡眞恐怖、不舒服，但是如果我們再不坐的話，我們就趕不上接從邁亞米往巴西的飛機，何況我們還有一位從北卡去邁亞米與我們會師的老友早就在那邊等我們了。我們在沒選擇之下，終於戰戰兢兢坐上這架「小母雞」飛機飛往，再換飛機趕往邁亞米，等我們趕到時，飛機早已開火待飛，而那位北卡來的李先生，已急得差點「蔡尿」了。

我們到達巴西的第一站是位於巴西北叢林帶中的瑪腦市（Manaus），它是著名的亞馬遜河（amazonas）及黑河（negro）會合處的大城市，人口有一百萬人。我們到達該市的第二天，馬上馬不停蹄到處觀光遊覽。我們坐了專用的汽船在寬五公里，深約一百公尺的黑河航行四、五個鐘頭。黑河眞是名符其實的黑，在水面二、三吋以下便幽黑一片。我們的船載我們到黑河與亞馬遜河會合處，看到黑白水由分開而混合，眞是一大奇觀。回到旅館後，我們本計劃當晚每人付四十元租船到叢林中的小溪去看鱷魚，據說我們需要先坐大船約一、二小時，再換乘小船，然後沿河用手電筒找鱷魚。如果運氣好找到小鱷魚，可跟它「玩玩」，甚或把它抓回來。但如果運氣不好，就可能變成送去給鱷魚的晚餐了。我們團中有的興緻勃勃想去探險，但也有些團員心裡害怕得很，卻不好意思說出來。幸好那晚下場大雨，把整個計

畫弄「泡湯」了。郭來哲先生卻感到很不甘願，認爲來亞馬遜河不去探險一下是「無顏去見江東父老」，堅持一定要去看看到底亞馬遜河是多大、又如何可怕，是不是書中所載、電影所看那樣有食人魚、鱷魚、河馬，以及數不盡的奇鳥異獸，奇花怪樹。我們覺得他言之有理，但想到來此玩賞，居然要冒生命危險，心裡眞是毛毛的。我們舉手表決，結果有八個人決定要去探險。我們立刻把我們當地的嚮導 Roberto 找來，請他租一條設備齊全，安全無虞的快艇，讓我們在三個鐘頭後趕回上飛機。Roberto 連口答說：「No problem」，約我們明晨九點在河邊集合，並言明所有費用二五〇元。第二天早上我們一行八人如約到河邊。我們沒看到什麼快艇，祇看到一條約一公尺寬，四、五公尺長的小船，看起來又醜又舊。我們笑著問 Roberto：「這不是你要我們坐的船吧？這種小船我們十人（連舵手）坐下去，大概浮不起來吧？」沒想到 Roberto 點頭說：「這就是我們要乘坐的船。因爲我找遍了全市，除了這條船，再也找不到了。」我們嚇壞了，眞是「面黑一半」，齊聲驚叫「就是這條船？」「有沒有救生衣？清水？電訊設備？」Roberto 很尷尬地笑笑：「沒清水沒電訊設備，但有六件救生衣」。我們一時傻傻地站在河邊不知是否應該上船。我們商量的結果，決定「既來之則安之」，既然說要探險就得冒險。我們向邱領隊說如果我們在十二點前沒回來則請報警，請人來尋找。於是我們一行八人陸續上了搖幌不定的小船。彭良治夫婦先上船，接著是廖國仲夫婦及郭來哲夫婦，我則與北卡來的李彥貞先生坐在一起。那天天氣尙清朗，風也不大。但船小人多，船速也不慢，河水常濺到身上來，船上沒什麼扶手，爲預防船身震動被震出去，一

手拿住船沿，一手抓住前座的靠背，就這樣子，我們以爲可沿黑河，再經亞馬遜河，然後可擠身在茂密的叢林。正當我們乘風破浪行駛十多分鐘，離兩岸已很遠時，忽然間，船尾「碰」一聲，船身震盪，大家驚叫一聲，不知發生什麼事，接著馬達停下來。我們急切地問Roberto「What happened?」祇見Roberto與那舵手面面相視，接著聳聳肩，二手一攤表示他們也不知道什麼事。船速隨著達停後慢下來，最後完全停下來，再開始隨浪逐流。我們坐著不敢亂動，怕會失去重心而翻船，我們把眼睛向四周圍看，祇看到一片白茫茫，離最近的岸至少有一千呎，往下看則是滾滾一片漆黑，我們的心情隨著船身的搖幌開始緊張起來。舵手終於把馬達從水中拉上來，仔細端詳後才說螺旋槳可能撞到硬物而把一根栓釘碰斷了，要馬達繼續運作，必須找到栓釘或代用品。不然的話，我們船上既沒槳亦沒舵，祇有任其漂流了。Roberto及那舵手急忙翻箱倒筐，但裡面除了一把鉗子及幾根生銹的釘子什麼也沒有。舵手緊張地向Roberto耳邊細語，李先生看到急問Roberto到底要怎麼辦？Roberto很不安地說：「現在唯一的辦法是把一根太粗太長的鐵釘磨小截短。再把它穿入螺旋槳軸心上，但現在唯一的工具是一把四、五吋長的小鉗子。」舵手開始在一塊木板上用小鉗子敲那根約三吋長的釘子，敲了半天，那根鐵釘竟然頑強不屈，那舵手越敲越急，額頭上也開始冒汗珠，而我們仍然「飄呀飄，搖呀搖」。我們開始想到亞馬遜河中那些可怕的食人魚、鱷魚、河馬等。郭來哲向大家說，我們救生衣不夠，可把墊腳的木板派上用場，萬一翻船的話。廖國仲夫婦把救生衣遞給郭來哲夫婦，他們不需要救生衣，並開玩笑說救生衣太小太輕，浮他們不起。郭夫婦很感

動，馬上把救生衣送還給他們，廖夫婦則又推回去，這樣推來推去，船身頓時搖撼起來，大家趕緊叫他們不要動。二十分鐘過去了，鐵釘尚未折斷，船仍繼續「飄呀飄，搖呀搖」，附近沒有船經過，兩岸也看不到人跡。我們難道萬里而來亞馬遜河餵魚嗎？平時大家嘻皮笑臉，愛開玩笑，現在居然各有心事、面色凝重。忽然那舵手在船尾大叫一聲，把右手高舉起來，我們以爲他把鉗子敲到他手指上而叫痛，定睛一看，才知道他手指捏著已折斷的鐵釘。他把鐵釘戰戰競競地放進軸心，臉上稍帶微笑卻又不太自信地望著我們，然後把馬達放回水裡。這時我們八個人都很緊張，萬一這根不起作用，或又斷了，將怎麼辦？舵手開始拉馬達上的發動繩，第一次有些聲音，第二次聲音似乎大些，第三次終於呼一聲，馬達動起來了，大家不約而同拍手歡呼。螺旋槳開始運轉，雖然慢但仍在轉，我們心中暗暗禱告那根鐵釘不要斷了或滑出來。舵手慢慢加速，同時把船身慢慢拉直。這時大家驚魂甫定，紛紛要求 Roberto 叫舵手把船開回去，不去探什麼險了，保命要緊。但 Roberto 卻擺擺手說：「No Problem，No Problem」。我們知道他和他的朋友跑這一趟至少賺二五〇元，這個數目是巴西窮人三個月的收入。他當然不願意放棄，我們也非常同情。我們商量結果決定開出三個條件，如全部符合，我們才繼續前進。 他們必須馬上把正確的釘栓裝上去，然後由郭來哲檢查通過，因爲他是機械博士。 全部的行程完畢後，必須在中午十二點回到旅館。 他們必須保證前途的安全，萬一有差錯必須馬上回程。Roberto 然後以他樂觀的口氣說：「No Problem，No Problem」。我們行三十分鐘後，靠了岸由舵手上岸去找釘栓，女士們也順便去「解放」一

下。十五分鐘後船舵回來了，帶了一大把釘栓，由郭博士監視下裝進螺旋槳軸心上，郭博士說那是日本製的Yamaha，看起來還很新，應該沒問題，於是我們繼續行程。這次馬達運作非常正常，速度也比以前快得多。但是有一點我們不太懂爲什麼舵手一直把船從這岸行往對岸，對岸好像是一片叢林及葦草。問Roberto，他祇用同樣的話語說：「No Problem No Problem。」等到船幾乎撞到岸上去了，才看到有一條支流呈現出來。河面由極寬漸漸縮小，最後竟好像進入沼澤地了。我們一伸手幾乎可摸到兩旁草木。船這時也慢下來，讓我們好好欣賞。我們偶而看到猴子在樹頂攀越，也看到顏色鮮艷的小鳥及蝴蝶在花草中翩翩而飛。有人問這裡有沒有鱷魚呢？Roberto一本正經地回答說：「當然有。」他這句話頓時把我們唬得緊張起來，我們再不敢亂伸手到水裡去。有一次船行之際，忽然有一橫木擋在河中，坐在船頭的彭會長大叫起來，舵手也眼明手快，很快把船開到旁邊，祇差幾吋沒撞上，眞是謝天謝地。船繼續前進，忽然間我們看到一棵大樹在岸邊，大家說上岸去拍照留念，順便再「解放」一下。那棵樹底部很大，大概需要十來個人手牽手才能圍住。我們在四周圍觀看、拍照，然後一個接一個到樹後邊去「解放」。郭先生可能是最後一個去解放，他剛躲到樹後不久便哇哇大叫，一面衝出來，我們以爲他碰到蛇了，他卻一邊跑一邊說：「大家快上船去，快上船去，一大群黑蚊子來了。」說時遲，那時快，果然一大群黑蚊子，碰到人便叮，直把人叮得哇哇叫，於是大家趕快衝回船上，但有些人已被叮得紅腫一大片了。這時有人問郭先生他被叮的情況如何，他說回去後再由林醫生看看。後來這句「拿出來看看」便成爲我們團裡常開玩笑的代

用語。譬如說要上廁所，便說：「拿出來看看」。我們至今仍不知道郭先生的情況，但每次他上廁所時，林醫生總是緊跟著他後面說：「拿出來看看」。

船剛離開那棵大樹，便看到有一個人手持鏢槍站在船頭上，我們叫 Roberto 問那個人在幹什麼，Roberto 翻譯回來說：他正在抓鱷魚。郭先生連忙怕怕地說：好在我不是碰上鱷魚，否則什麼也沒有了，把我們笑得幾乎翻船。

船繼續前進，而 Roberto 說亞馬遜河快到了，大家興奮地在等待。忽然間，船駛進一大葦草，而前面竟看不到水路。不久，馬達「卡」一聲又停止，一個多小時前發生的餘悸一下子又回到我心中。怎麼辦呢？我們卡在這裡了，有人開始憂慮起來。舵手把馬達掀起來一看，有大堆葦草卡在螺旋槳上，他用手把它們拔出來，再發動，幸好，馬達仍「碰，碰」作響。這船舵果然膽藝高，拐了幾個彎後，竟然前面出現一條寬大的河面來。這時大家才眞正體會到「山窮水盡疑無路，柳暗花明又一村」的眞諦來。不久，果然看見一片滾滾大水，河面之寬，大約有四、五哩，這就是鼎鼎有名的亞馬遜河。由於時間緊促，船隻太小，恐怕經不起浪，我們稍微徘徊一下便打道回府。途中仍有些小波折，譬如水道太窄，小樹枝捲進螺旋槳，舵手跳到水裡去推船，但這時我們已是經過「世面」的人了，「處變不驚」穩坐船中，談笑自如。我們的船如期在十二點回旅館。這時沒去探險的其他團員，正焦急來等候我們。邱領隊說他正想去報警搭救我們，而郭先生也正領著林醫生去「拿出來看看」。

此篇是爲報答陳黃女士一路上給我的照顧而寫，並以她的姓名發表。文中之前序是陳黃

女士加上的。

——原載於一九九一年六月（大紐約區台灣長春會）

空難驚魂

九月八日傍晚，一架由芝加哥經匹茲堡飛往佛羅里達西棕櫚泉市的美國航空公司波音七三七第四二七航班噴射客機在匹茲堡國際機場附近墜毀，機上一百三十二名人員全部罹難。

當我第一次聽到這消息時，我及妻和一對摯友正在阿拉斯加首府朱諾海上的一隻豪華的遊輪上享受豐盛的晚餐。我夫妻有個不成文的默契，即在外旅遊時儘量清心輕鬆，把俗事暫時忘卻。所以，當我們由其他旅客初次聽到這個不幸的消息，我們略表示哀傷同情外，我們沒進一步詢問細節。當晚我們回艙休息，我去洗澡；妻則不經意打開電視機，當我洗到一半……

「快來看，快來看！」妻忽然緊張大叫。我一時迷糊不知她在叫什麼，她又繼續叫，「飛機在匹茲堡附近叫 Alli 什麼的。喂，John 住的城叫什麼呀？」

「是 Alli 什麼的，但後半部一時記不起來，」我一面擦身，一面探出頭來說，「到底是什麼事，那麼緊張？」

「飛機撞到城裡一定造成不少死傷。」妻急促地說，「眞糟糕，我沒聽清楚報訊員講什

麼地方，祇知是 Alli 什麼的，不會那麼巧是 John 住的地方吧？」

我穿好衣服，趕快安慰她：

「放心，事情不會那麼巧，等下次再重播時，我們仔細聽好了。」

於是我們坐下來等待，我們好像變成兩尊木人呆呆坐著，一言不發，面色凝重，心事重重。我雖口說不會那麼巧，但萬一是那麼巧，我們將怎麼辦？好不容易才等到報訊員再現螢幕重播飛機失事，我們屏息靜氣，全神貫注地聽，終於他說飛機墜在 Alliquippa County。

「這不是 John 住的城，感謝上帝。」我跳起來大叫，「John 住的城叫 Alli son Park。」

忽然間，我的記憶回復。

「對了，John 住的地方叫 Allison Park。」妻很興奪地拉著我的手叫。

一瞬間我們的憂慮，緊張全部消失了，我們如釋重負輕鬆起來。我們也不知不覺再談起這次飛機墜毀的事，我們都很替那些罹難的人員及家屬哀傷。談呀談，忽然，妻好像觸了電又緊張起來。我問她什麼事？

「John 最近常出差，他會不會到芝加哥出差去了？」她神經兮兮地說。

「別疑神疑鬼，我從沒聽到他要到芝加哥出差。」我笑著說。

「他沒說並不表示他就不去，他的公司也有分公司在芝加哥，他有可能去那裡。」妻說。

「別胡思亂想，不會那麼巧。」我說，「就算去，也不會那麼巧坐上那班飛機。」

「咦，John 以前出差常搭乘 US Air，」妻問，「這次失事的飛機是那家公司？」

「正是 US Air。」我答說。

「我常告訴他最好別再乘 US Air，因它已出事過幾次。」她嘆了一口氣說。

「可能 John 已經聽妳的話不再乘那家航空公司的飛機了。」我安慰她說。

「但願如此。」妻回答。我們沉默了一陣後，妻忽然問:「從船上打電話到匹茲堡方便不方便？」

「現在科技發達，從船上打應該沒問題，但也許會貴一點，可能一分鐘要十多元美金。」我說。

「這種緊要的事，再貴也得打呀！」妻說。

「打就打，但現在這裡是晚上十點多，那裡已是半夜一二點，恐怕會把人吵醒，罵我們發神經！」我說。

「我寧願挨罵，也不願再忍受這煎熬。」妻說。隨後我拿出信用卡開始打電話，但打了半天鈴聲不斷，就是沒人接，一陣恐懼慢慢往身上漫延。妻建議打電話給接線生請她們幫忙，接線生很親切幫我們忙，可是打了很久仍然沒人接。

「今天星期四半夜，John 一家跑到那裡去了？」我說。

「可不可以叫警察到他家查查看？」妻說。

「三更半夜打擾人家，萬一發現是我們〔天下本無事，庸人多自擾〕，不把我們罵死才怪哩！」我說。

「那怎麼辦？等到明天？我可等不及了。啊！打給 Wendy 怎樣？如果 John 出事，找不到我們，一定會通知他妹妹吧？」妻說。

「這倒是好主意。」我說。但打了半天也是沒人接，我們比以前更緊張了。「不會那麼巧吧？兩家人同時不在家……」

「一定發生什麼事了！」妻忍不住開始嗚咽起來，「不然……」

「可能電話有問題，問電話公司看看。」我安慰她。

「電話沒問題，」接線生試了很久回答說，「可能有人把電話拿掉。明天再試吧！」

妻與我聞言像洩了氣的皮球癱瘓在椅子上不知所措……

我們陷入一陣可怕的沉寂。過了很久，妻帶著極悲傷的口氣說：

「John 這孩子從小很懂事體貼，從不給人添麻煩。他剛上學不久，我們就開始做生意，無空照顧他。他卻自己起床，刷牙洗臉，換衣吃早餐，又自己走到街角等校車，功課也從來不麻煩我們或阿公阿媽。」

我聽了心中湧起一陣悲愴說：

「John 從小跟我很親近，除了去教書外，我倆簡直形影不離。但我卻在他三歲時撇下妳們母子及 Wendy 獨自來美國留學，有幾次讀到妳寫給我的信說 John 常哭著問〔爸到那裡去了？怎麼一直不回來？〕我便按捺不住大哭一場。一年半後妳也〔偷溜出來〕，後來聽阿公來信說：〔John 有一天跑來告訴我，他要給我做兒子。〕我們聽到都嗚咽不止，妳還記得

嗎？眞可憐，那麼小就被〔遺棄〕！」

「是呀！眞可憐，」妻流著眼淚說，「他等到三歲才能與我們團聚，但不久我們忙著做生意又把他丟在一邊，實在太過意不去了！」

「有一件事我一直耿耿於懷，」我接下去說，「他在小學時，足球踢得很好，報紙常刊登他的傑出表現，但John常埋怨其他隊員都有家人助陣吶喊，獨獨他沒有；我雖勉強去了兩三次，但也因太忙了無法繼續。不久前，他跟我開玩笑，還好我沒給他太多鼓勵，否則今天他將在炎陽下滿頭大汗奔跑，而不是坐在寬舒的辦公室裡吹冷氣。」

「一個人的命運很難捉摸。」妻說，「幸好，他學商今天才能發揮他的長才，以短短五年的表現，就爬上需要二三十年資歷才能得到的職位。」

「John從小就有〔一不作，二不休〕的習慣，事情交給他作，他一定負責做好做完。」我說，「他第一次在麥當勞快餐館工作時，就把地板及廁所打掃得歷來最乾淨，贏得店裡上下的稱讚。現在他在PPG（匹茲堡油漆及玻璃）也是一樣早出晚歸，非常勤勉。最可貴的，是他一絲不苟，誠信待人，絕不妄用妄拿公司的東西，與同事相處極融洽。最感人的是，原來他完全不信神的，現在搖身一變成爲教會的青少年主日學教師。」

我與妻如此一來一往繞著兒子John的話題講不停，簡直把他說成天下最完美的兒子。誰說不是？天下那個父母不是這樣想？

當晚我們談到凌晨二三點，最後我們彼此安慰說：上帝一直在照顧，他一定會平安。萬

一有什麼事他們都有我們遊輪的電話，一定馬上通知我們。所以〔無消息便是好消息〕。最後我們一起跪下禱告，祈求上帝賜他平安！

第二天早上，遊輪靠岸，讓旅客上岸遊覽。由於我們昨夜晚睡，心情不寧，我打電話告訴姓楊的朋友我們不上岸，要在船上休息。吃過早餐我們到船尾休息，那裏安詳寧靜簡直是人間天堂。但此刻，景色依舊，心情迥異，看起來就不動心；甚至覺得冷酷，荒漠，令人窒息。心情影響人如此之大呀！

我們靜靜坐在那裡兩三小時，因大多遊客上岸去，船上冷冷清清，我們覺得無聊想回艙房休息。走到門口時，霍然看見一張紙條貼在門上，趕緊取下來一看：〔Urgent，call or come to Customer Service Room at 5th Deck immediately。〕頓時我全身血液驟降，兩腳發軟，好像要虛脫快倒下來，妻看狀連忙扶我……

「條子說什麼？」她神色非常緊張地問我。

我半身靠著門，全身發抖，發冷。一時講不出話來，妻因沒帶眼鏡無法看條子，祇好說，「慢慢來，不要緊。」

我等心稍定後才告訴她說：

「它說，〔緊急，速來五層艙遊客服務台。〕大概是惡訊來了！」說完把妻拉進懷裡，怕她昏倒。我感覺她也混身發抖發冷，我發覺當時的情況恐怕走幾步便會倒下來，甭說到五層艙，我們決定回房休息，調適一下。我的兩手顫抖得很厲害，鑰匙老穿不進匙孔。費了半

天才把門打開，我們一進門各自倒在床上了，我不知不覺口中喃喃：

「這不是真的，是在做惡夢。上帝呀！幫忙我呀！」我不知躺了多久，在朦朧中我好像昏睡過去。忽然間，電話響聲大作，妻及我都驚醒倏然直坐起來，四眼相瞪不知如何是好，我的心緊張得幾乎要從口中跳出來。但我終於在電話響了五六次後提起勇氣回答。

「Is Mr. Lee there?」對方問。

「是 Martina 嗎?怎……怎樣?」我一聽是媳婦 Martina 的聲音又驚又喜，大叫說。

「爸，您說什麼?」Martina 問。

「John 啦?John 怎樣?」我結結巴巴地說。

「John 怎樣啦?」Martina 可能聽我那麼緊也急問，「他上班去了!」

「妳說，John 上班去了?對不對?對不對?」我不相信我的耳朵。

「是呀!」Martina 好像不知我們這裡發生什麼事，她也急促地說，「他一大早就上班去了。怎樣?發生什麼事嗎?」

「John 沒事，他平安。」我聽清楚後馬上大叫。

「真沒事?」妻一聽趕快把我抱緊地問。

「感謝上帝!他沒事!」我興奮地說。等過一會後，我才想起 Martina 還在電話的另一端，連忙說，「Martina 妳還在嗎?」

「是呀!您們怎樣?怎麼那麼興奮!」Martina 說。

「我們O.K.，妳是怎樣找上我們的？」我喘了一口氣才說。

「今晨電話公司有人打電話來說您昨晚半夜打電話沒人接，因她覺的您好像很緊要，特地在下班前再試打給我。」Martina 說。

「眞感謝那位小姐，不然我們都快急死了！」我說。

「最近 John 準備考試，怕被打擾，不但電視、收音機全關掉，晚上睡覺前也把電話拔掉。」Martina 說。

「原來如此，」我鬆了一口氣說，「但 Wendy 那邊怎麼電話也不通呢？」

「因她趁您們出外旅行時，想訓練兒子獨自睡覺，所以，也把電話拔掉。」Martina 說。

「事情有時那麼巧，巧得幾乎闖出大禍來。人的聯想力有時太可怕了，幾乎奪去我們的老命！」我感嘆地說。

放下電話後，妻及我頓感失去的活力又回來，沮喪的心情也恢復歡愉。於是我拉著妻輕快地走到服務台問到底有什麼急事。服務員從抽屜裡拿出一張條子遞給我，上面寫著：〔Mr. Lee，come to Mendenhall Glacier right away。It is beautiful。Yang。〕

「又是一個巧合，或是一道催命符！」我轉身笑著對妻說。

「不會使我們害心臟病吧？」妻輕鬆地問。

「老楊可能出去看到仙境美景，好意要跟我們分享，因此打電話來催我們去，但因我們不在房間，服務員特地好心留張條子給我們。」我說。

「好人眞難爲呀！」妻感慨萬分地說，「有時一片善意好心卻換來誤會，甚至一場浩劫。走吧！我們趁仍未太老前及時行樂吧！」

後記：回北卡後與兒子聯絡，得悉他公司有一群人乘座US Air前一班飛機回匹茲堡；但因客滿無法全部搭乘，結果一位善心的同事自願退出而改搭下一班飛機，那知他竟搭上不歸路，留下二個小孩及懷孕的妻子，實在令人感慨萬千！

——原載於一九九五年一月《台灣海外文藝》

「意外」之旅

——本來是一趟參加輕鬆、愉快的婚禮之行，卻意外演變成驚險叢生、刻骨難忘的歷險記。——

三月十四日，我們夫妻偕女兒、女婿及他們三個小孩——兩個男孫各七歲、五歲，女孫三歲。駕上藍色七人座的小客車浩浩蕩蕩從北卡的拉利市（Raleigh）奔向德州的達拉斯（Dallas）去參加姪女的婚禮。當親友聽到我們要帶三個那麼稚齡的小孩跑那麼遠的路，紛紛表示要我們三思而行。因小孩是不耐長途旅行的，途中不把大人吵死才怪哩。但我們四個大人卻蠻有信心，相信絕對不會出問題，因爲他們每星期參加教會禮拜時都很安靜從不吵人。我們也常帶他們外出旅行，最遠還超過五百哩，而他們也都適應得很好。不過，親友的好意，我們不能完全不聽。於是把二天的行程改爲三天，以防萬一出了狀況。第一天，我們開了五百哩時問小孩累不累、要不要休息？他們竟異口同聲說，「不累，再繼續走。」第二天，三個小鬼一大清晨便醒過來，整裝待發了。一路上風和日麗，綠芽春花錠放，景色宜人。三個小

孩除了偶而打盹外，二個男孫靜靜玩電腦遊戲，小孫女不斷哼她自編的歌。我們大人則談笑風生一路愉快。車快抵達拉斯時，聽見電台報導當地受到巨大冷鋒侵襲，有一百多棟大樓的玻璃被吹裂，達拉斯是有名的熱都，以前每次來都熱得滿身大汗，因此，這次來時，我們只準備輕便夾克、毛衣而沒帶大衣。車門一打開，一陣強大的冷風迎面吹來，令人渾身發抖。因此，到達五弟家時，我們不是走進去，而是衝進去！

從進入五弟的家門那時刻到三月十八日我們離開的三天裡，我們的三個子簡直成了天之驕子，受盡親友的寵愛。整天都聽到他們的喜笑聲。許多年輕的小叔小姑從來沒跟小孩玩得那麼起勁、那麼開心，難怪他們在臨別時都依依不捨，一抱再抱、一親再親，才讓他們上車。

臨走五弟特別吩咐回程不要走 I-20，因氣象報告那一帶將下大雨，其實我們早就預定走 I-30 再接 I-40 因要去田納西州的 Nashville 拜訪一位闊別的老友。途中，我們果然聽到氣象報告說南部傾盆大雨，樹倒水氾。我們很慶幸一路無風無雨抵達 Nashville。我們這位老友的先生是我在美最親密的朋友，可惜在一九八四年事業正值頂峰之際，在家睡覺時被二個潛入的宵小用木棍打死。當時轟動整個 Nashville 及華人社會。這位老友含辛茹苦把兩個幼齡兒子帶大並完成大學教育。五、六年前她再嫁一位極成功的企業家。我們去時，他們正忙搬進快完工的豪華巨宅。看到老友時來運轉，我們好高興，有說不完的話要傾吐。當晚我們夫妻和她就在她安排豪華旅館的賓客廳喝咖啡聊到三更半夜。當她離開，外面開始下毛毛雨，天氣也變涼了。

本來在旅途上，我們都是早睡早起早出發。但昨晚聊得太晚，而女兒女婿也因小女孩破天荒喝了一大杯可樂而興奮到半夜未睡。因此大家起床晚，等吃完早餐出發已上午十點了，而且雨勢越來越大。途中我們偶而聽到電台報告說在北卡西部山區下雪很大，但沒有向旅客提出警告。爲小心起見，我們特地中途停車加滿油並吃午餐，才再繼續上路。車駛越近北卡雪下越大，樹梢路邊都堆滿了雪，車速也減低下來。好不容易我們渡過了北卡、田州交界最高峻險惡的山澗，離北卡 Ashville 不到三十哩。當我們正開始慶幸我們快佳入佳境時，忽然前面的車子一輛一輛地停下來。起先我們以爲它是下雪天尋常的情況而不太在意，讓引擎繼續轉，暖氣繼續開。但三十分鐘過去了竟一吋也未移，而且對面往西的車輛也完全絕跡，好像情況不是那麼簡單，但也不知是什麼。女婿說，當他小時，他父親告訴他，如過長時間塞車時，要得到最新消息，最好去問大卡車司機，因爲他們都有特殊通訊器材彼此保持連絡。幾分鐘後，他帶回最新消息說，往西走的 I-40 有一輛巴士翻車正設法把它吊走；而我們這條往東的 I-40 有幾處車禍，分別在出口及附近。根據卡車司機的判斷，早則三四個鐘頭，晚則整個晚上才能把堵車清離。三個小孩聞言緊張地問：「我們要在這裡過夜？我們會不會凍死？會不會餓死？」我們四個大人看到小孩不安的神情，不約而同對他們以最平靜、溫和的口氣向他們保證，他們一定安全，並且有足夠的食物、汽油，使他們免於饑餓受凍。我們爲他們穿上襪子，並蓋上車中準備的小毯子、毛衣及夾克；再拿整個紙袋的餅乾、水果、飲料給他們看；然後指汽油指針，讓他們看至少還有半缸的汽油；並告訴他們我們離 Ashville 很近，

祇需要一點汽油就可以達到，最重要是我們保證絕對不會離開他們。他們聽了似乎放心多了，但他們還是問，是否應打九一一求援。我們向他們解釋今天情況特殊，因九一一早知道我們受困了，有人在搶修中。除非有生命危險或特別緊急，現在不要去打擾他們。女婿接著說，他正要打手機問他媽媽最新氣象消息，問小孩要不要跟祖母講話，小孩齊聲說要。女婿跟他母親講完話後，就讓小孩一個接一個跟祖母講話並獲得她的安慰，使小孩完全安下心來。

俗語有句話：「霧裡看花」。現在我們在海拔數千尺的高山上，坐在寒冷的車子「隔窗觀雪」，心裡別有一番滋味。正在觀賞間，突然有一部吉甫車斜刺而來，在左邊的路肩蛇行而上，因路窄地滑險象叢生。說時遲那時快，它竟滑出路肩而撞上欄杆；我們驚叫起來，趕快搖下窗子探頭看。幸好衝力不大，沒有再衝出去。車子想後退，但路窄又滑又陡，每一動便向斜歪，幾乎撞上別的車。附近的車見狀，紛紛移動調出空間來，一年輕人從吉甫車上跳下來，到車子前後觀察，再回去開車，花了五六分鐘終於把車子擺直。那青年不知是有急事或想出鋒頭，竟然在這種惡劣的天候下冒生命危險搶道；要不是有欄杆阻擋，他恐怕掉進溝裡去了。這件事過後，再沒人冒進了，大家乖乖在車子裡等著。

就在等待期間，我們看見左前方的一部車子走出一位中年婦女，她小心翼翼踏著雪從我們車子前面經過，走到右邊欄杆處，稍看了一下便回頭到她車子裏。幾分鐘後，她又走出來，但沒走幾步又縮回去。太太見狀說道：

「她一定在內急！」

「妳怎麼知道？」我問。

「我們在這裡坐這麼久了，我自己也有點內急。」她說。

「我也是。」女兒聞言也說，「我的膀胱一向很強壯，但今晨水喝很多，中午又沒上廁所，現在開始急起來了。」

「我們也要上廁所！」兩個男孫在後面也嚷起來說。

我們趕快說，這裡沒有廁所，須要到外面去，但現在很亮，稍等一下。

爲了轉移大家的注意力，我講了一個故事：

「好幾年前的一個冬天，我五弟帶全家從達拉斯去芝加哥。途中忽然天氣很冷，這時他想起他的暖氣機早壞了，但因達拉斯終年炎熱，他也一直未修理。在熱帶住慣的人，忽然逢到驟冷很難適應，雖把大衣穿上還是冷得全身發抖。我弟弟沒辦法祇好叫他太太跟兩個小孩緊緊抱在一起；他們抱了好幾小時才到加芝加哥。事情經過幾年了，但他們全家都記得那件事，並且認爲是他們一生最親近值得懷想的時刻。」我話未講完，後面幾個大人、小孩已熱烘烘抱在一起了。

過了一陣子，女婿說：「剛才我們提到九一一，現在我講前幾天在佛州發生的一件事。有一婦女開車不愼掉進水裡，她馬上打九一一求救。收到呼救的人急忙著問她掉在那裡。等那婦女講出地點，車已全沉到水裡，而那婦女也淹死了。這裡最大的錯誤是接到呼救的人在那種緊急情況應立即告訴求救者如何逃生，而不是直問地點，因救護人員到達地點時，求救

人恐早已死了。」接著我們討論如何處理車禍、失火、颶風等緊急狀況。三個孫子似懂非懂聽得津津有味。這時天已漸暗，我們也開始討論如何解決內急問題。女兒首先說她不可能到外面去，因她不慣蹲式，也不能坐在車沿「行事」；唯一的現行辦法是用尿布，她要我們四個男生全部出去。因冰厚地滑，欄杆外面斜坡很陡，我們不敢走得太遠，便一字排開，開始「救火」。然後，漫步活動筋骨，呼吸新鮮空氣，再慢慢走回車子。這時，女兒已完成「任務」，面展笑容。太太見我們已安全「返防」，一言不發溜出去，但不到一分鐘便衝回來。

「怎麼這麼快，碰到蛇？」我問。

「不習慣，又太冷！」她猛搖頭。

「那麼妳「解決」了沒？」我說。

「僅一點點，不過已好多了。」她苦笑說。

然後我們轉頭問小孫女要不要尿尿。

「不要！」她擺擺手大聲說。

「爲什麼？」我們問。

「媽媽要我的尿布。」她說罷，我們笑得人仰馬翻。

女婿看大家都暫時解決「生產過剩」的問題了，便說：「我們能做的都已做了，下一步應該做什麼？」

「禱告，」大孫子叫道，「讓我來禱告。」我們三個小孫子從小便學會食前、睡前禱告，

但都是跟爸媽禱告。這次生性羞澀的大男孫竟出乎意料之外要帶領禱告。我們手牽手圍成一個圓圈，閉起眼睛隨他念：「親愛的耶穌，幫我們離開這裡，讓我們平安回家，阿門！」

當我們打開眼睛，我發現四個大人的眼睛都是濕濕的，顯然都深受感動。我常聽人說，小孩的禱告最靈，尤其是第一次；但我一直沒見證。這次，卻奇蹟眞的發生了。因在我們禱告不到十分鐘後，周圍的車燈忽然齊亮，車聲隆隆起來，車子開始向前移動了，我們七人在車上齊聲歡呼，並感謝上帝。

整個車隊在黑夜白雪中緩緩而行，雖慢心裡卻舒暢。車內溫度也隨車行而漸溫熱。如此走了約五六哩，整個車隊忽然又停止不動了。一二十分鐘後幾乎整個車隊的燈光又滅了，引擎也熄。大地又變成一片沉寂。女婿打開車門又跑到後面問大卡車司機了。他回來說，出口已打通了，但正在清理中，可能還要等一段時間。他建議大家小睡休息。因我是司機，精神又好，自動睜眼看守。

爲保持車內溫暖及取得最新資訊，每十五分鐘我便發動引擎，打開收音機。最使我氣絕的是路邊廣告的氣象專台一六一〇從下午四點到十點，資訊千篇一律：往東 I-40 公路因雪受阻的錄音廣播。我們已在路上被阻數小時不須要這些廢話。所以，我放棄這電台，另找其他電台，找呀找，終於找到 Ashville967 電台，該主播說現在受困在東向 I-40 的車輛有二十哩長，有成千上萬的人正饑寒交迫，甚至沒汽油了。他安慰大家，阻塞的路快打通了，而且有很多警察、消防隊及自願者正沿途分發食物、飲料、毛毯及汽油，希望大家耐心等不要急燥。

他雖該下班了，但他及同仁決定長夜陪大家直到困境解除。接著他告訴大家何處出口可找到食物、汽油、學校避難所、旅館，甚至醫院。他親切、誠懇的話語像一股暖流注入每人的心中，不再感到恐懼、怨恨；並對此刻仍在風雪的公路上奮鬥的無數的工作人員致以無限的敬意及感謝。我們如醉如痴地聽他生動的報告而幾乎忘了我們身在何處，直到二部閃著燈的警車從對面分路迎面而來並停在我們前面大卡車的旁邊。我搖下窗探頭外看，咦！怎麼大卡車前面一片漆黑一輛車也沒有。幾秒鐘後，大卡車開走了，我們也緊跟著走，後面的長隊也亮起燈開始移動。這時我們才知道，原來大卡車司機可能太累而睡著了，而不知前面的車已開走了，直到有人把他叫醒。我們不知前面的車何時走光，可能很久了，否則警車怎會來？但願沒有因這延遲而造成任何悲劇，否則這粗心的司機將終身悔疚。

這次道路不再受阻，祇是經過二三處看見好幾輛車東倒西歪地躺在路邊，狼狽不堪。我們抵達 Ashville 已半夜十二點多，我們按照電台的資訊，很快就找到旅館。一進房間馬上打開暖氣，趕快洗個熱水澡，把幾小時前寒氣驅除掉。上床前，我跟太太說今年 Ashville 往西二三十哩的 I-40 公路兩旁的草一定長得很青綠。我太太一時不解地說：「爲什麼？」我笑著說：「可不是嗎？今天一整天有成千上萬的人在公路兩旁免費施肥呀！」說完，我馬上鑽進被窩裡，不到幾分鐘就進入溫馨的夢鄉。

——原載於二〇〇一年十月《台灣海外文藝》

遊「拉斯維加斯」有感

最近與內人及友人相偕到拉斯維加斯〔Las Vegas，以下簡稱維城〕一遊。上次到維城是一九九四年七月，我們從北卡飛到科羅拉多州首府丹佛，然後租車到滑雪勝地 Aspen 探訪正在那裏實習的女婿、女兒及孫子，再沿途遊覽一些著名的峽谷，一直到維城。記得未到維城之前，所見的儘是一片無垠的枯草和矮樹的荒漠，人煙稀少，頗令人強烈感到孤寂失落，前途茫茫。我及內人都不約而同感到莫名其妙：維城到底在何處？怎麼建在「鳥不生蛋，連鬼影都見不到的地方？」直到夕陽快西下，車子轉過一個山頭之後，才豁然見到山下一片燈光，一個龐大的城市呈現出來了，眞是沙漠的大奇觀。

這次我們則是從洛杉磯乘遊覽車由西向東走。此時雖是嚴寒的二月底，遠山近野除了高山的積雪外，一片綠油油。據說今年是南加州一一五年來雨量最豐沛的一年，連帶也影到二八〇哩外的維城。原本號稱「終年陽光普照」的維城，在我們停留的三天兩中，竟有兩天是「時雲，偶陣雨」。整個地球的天氣在大變乎？說不定維城有一天會從沙漠變成大綠洲。

維城原是一個小驛站，但自一九三一年正式成為賭城以來，經過半世紀多的慘澹經營，

而變成全世界最吸引人的繁華不夜城。每年從世界各地蜂湧而至的各色各樣人有三、四千萬之多。在廣大的沙漠中要供應那麼多人的用水不是一件容易的事。維城除附近的胡佛水壩供應水電外，最近又從科羅拉多河引進大量的水，才解決這個問題，坦白說，如果水的問題不能解決，維城不但無法繁榮下去，恐怕連生存都成問題。

十年前，我們第一次看到 Mirage〔海市蜃樓〕前的「火山爆發」及 Treasure Isaland〔金銀島〕的「海盜爭鬥戰」，便嘆爲觀止，直呼不虛此行。而這次在城北 Fremon Sreet 看到高九十呎，一條街寬，四條街長，二百一十萬顆燈泡集成的「巨無霸」大銀幕，欣賞十分鐘電視、電影節目，並在 Bellagio 大廈前，觀賞千條的水柱隨音樂搖曳跳躍〔水柱射至數十樓高〕，使我們同聲讚歎科技的偉大。

據導遊說，在 Las Vegas Blvd 上的大廈，幾乎每一、二年就除舊換新，不久前 Bellagio 花了十六億美元建了擁有三、四千房間的大賭場、旅館。而現在 Wynn 要花二十六億美元，建更堂皇富麗的新廈。在這「仙拚仙」的時代，任何行業，如跟不上潮流不求上進就會被淘汰。有趣的是在這一系列宏偉的建築當中，囊括不少名勝古蹟，如巴黎的鐵塔、凱旋門，紐約的自由女神、摩天大廈，羅馬的古蹟及威尼斯河道，古埃及的金字塔及獅身人面像等，就是沒見到東方的建築，我想這大概與那些偉大的建築師及巨富的財主多是西方人，以及東方人遊客不多的事實有關，只要有一天東方人大量崛起，這種情況將會有大改變。

很多人把維城視爲罪惡的大賭城，以致許多「德高君子」裹足不前。事實上維城已不再

是純賭城，而是具多功能的大城。它有世界最有名最精采歌舞秀、藝術、魔術、雜技、服裝等表演，它也有具世界各地風味的最佳餐館，它更有可容納萬人的大型商展，會議的場所及最先進裝備，此外，這裏是休閒活動如滑雪、滑水、打高爾夫球、網球、騎馬等最理想的地方。因爲它幾乎整年陽光普照，而且行程都在一小時內，非常方便。導遊說，這裏要玩的地方太多了，會玩的人一星期都玩不完。

她特別強調來維城的人，什麼都可不做，甚至連賭場都可不去，但一定要看show，因爲這裏的show之精采、精緻是其他任何地方看不到的。目前最膾炙人口的show叫「O show」，門票一人一五〇美元，可惜我們連黃牛票二百美元都買不到，只好退而求其次，花六十美元去看 Juliless〔狂歡節〕百老匯式的舞臺秀。觀其演員身材之健美，服裝之華麗。表演之精采，佈景之逼眞靈巧，都在在令人激賞，感到値回票價。

維城是在大荒漠中，爲何能吸引那麼多人而成爲世界娛樂中心？我想除了上述的幾個因素之外，還有兩個重要原因，那就是如我們在半夜坐計程車回旅館時，司機所說：「我們的生意在半夜特別好，因治安良好，人們上街蹓躂沒有危險、顧忌。旅客喜歡來這裏，因爲所到之處，人人親切、熱誠，我們深切瞭解，旅客是我們的衣食父母，要善待人家，人家才會來，而且一再地來。」

說到這裏，讓我們看看華人是否待自己的同胞如家人呢？由於華人好賭，趨維城若鶩，旅遊業也特別興旺。據我所知，旅遊業所提供的服務、價格都非常地迎合旅客的需要及胃口，

因此很受歡迎。可能我們這一團運氣不好，碰上一件令人倒胃口、犯衆怒的事。車到Barstow時，導遊說午餐是自付的，但她推薦「物美價廉」的「seafood buffet」，付了七·五美元進去後才發現所謂海鮮僅殼大肉少的大頭蝦〔crowfish〕一項而已，其食物之差，食具之簡，設備之陋恐怕連路邊攤都不如，但牆上卻寫滿簡字體的字條說：請食客『自食』倒垃圾。回程導遊又在Barstow停留吃午餐。這次她特別保證食物比上一家好。我們一人付八美元後，竟有二女侍擋在通道檢查收據。我們在進食中，女侍又三番兩次檢查收據。引起衆怒後，導遊出來解釋說這家餐館常遇到「白食」的華人，因此特別機警。我們不反對旅社多賺點外快，但如把「旅客」當「驢客」而任意驅使榨取，則實在有點太「那個」了。尤其他們似乎專對付華人而設，就更令人感到悲憤了。

維城是很值得去的，因爲可以看到許多平時看不到的事物。人活在世上不是應多開開眼界嗎？

——原載於二〇〇五年四月十九日《公論報》

黃山的挑夫

去年中秋，我與妻有幸與好友鍾姓夫婦同登黃山。黃山位於中國安徽省，擁有二湖三瀑二十四漠七十二峰，以「怪石、奇松、雲海、泉水」四絕而名噪古今中外。明代徐霞客遍遊中國名山五岳後，寫下膾炙人口的名言：「五岳歸來不看山，黃山歸來不看岳。」

但要一睹黃山眞面目，要憑運氣，因黃山一年有二百六十多天天氣不佳不適觀山。尤其，其氣象變化萬千，稍不留意即錯過最佳景觀。當我們一行九人抵黃山機場時，導遊便憂喜參半地說：「黃山昨天下雨，現在似乎轉晴，能否如意，端看諸位鴻福了。」

我們車抵黃山的前山腳麓，隨即乘電纜上山。隨著纜車冉冉而上，我們看到名不虛傳的千仞峭壁，怪石，奇峰，雲海，每人雖因高峻有點心悸，但掩不住喜悅，景色蓋不住讚嘆聲。但這如幻如夢的情境卻被一陣一陣喧嘩聲驚醒，原來我們從車中走出時，迎面即湧來一群手拿扁擔，尼龍繩，帶椅的竹桿的挑夫。他們男女，老少，高矮都有，就是沒有白胖胖的人。他們爭先恐後圍著旅客尖聲高叫：「要幫挑行李嗎？」「要坐滑桿嗎？」「前面山路高陡不好走呀！」，「來，來，行李一件一百，坐滑桿一人八百（人民幣）」他們一步一趨緊跟著

我們不捨。當他們看我的好友是跛腳，以及一對年近七十的徐姓夫婦，便如蠅附羶，緊盯不放。我們這團除了一名較年青的婦女外，其餘平均年齡超過六十，可謂老弱殘兵。但個個不服老也不服氣，大有壯志凌雲之慨。因此對他們緊迫盯人的推銷術充耳不聞。但他們也鍥而不捨，緊跟我們走。好像跟我們鬥氣。我們爬了一小陣子，個個氣喘如牛。導遊見狀，於心不忍便小聲向徐姓夫婦建議，讓他們的行李由挑夫挑。徐姓夫婦自覺帶行李爬坡不易，也就同意了。這時旁邊的挑夫很機警地蜂踴過來，七口八舌爭取生意。最後徐先生選定一名短小而年長的蔣姓男挑夫。其他人聞言不服在後面高叫：「他太老了，太貴了。」但徐先生無動於衷，緩步前進。這位蔣先生一臉純樸，講話輕聲又有禮貌。他左肩挑著行李，右手小心翼翼扶著徐太太。徐太太早年是運動健將，慈祥體貼，很有人緣，曾當過老師，寫一手好字。現在她年齡漸大，膝蓋又腫痛，覺得再不來恐怕以後更沒機會了。

第二天早上六點半，我們全體團員集合要上餐廳。當我們走到大廳時，看到蔣先生已坐在那裡。我們很驚訝地問他昨夜是否在山上過。他笑笑說，他家在山下，今晨四點從那裡上來的。「天呀！天那麼黑，山那麼高陡，你是怎麼走上來的？」他又笑著說：「數十年如一日，已經習慣了。要生活嘛就得走。不走那來錢一年三萬五千元的執照費？」「他一天能賺多少？三萬五要賺到什麼時候？何況每天賺的也頂多拿到百分之十至二十而已。他們被管得很嚴，每天的收入都要有票據，而且隨時稽查，一有差錯，執照可能被沒收」。挑夫的生活頓時成爲我們早餐話題。徐姓夫婦對蔣先生印象很好，非常稱讚他。因爲今天行程最美，但

也最長最艱苦，大約要走八華里，費五小時以上，大家商量結果，決定僱用他。當我們回房把各人的行李拿到大廳時，卻發現昨天那群挑夫全聚在那裡。他們環立在堆積如小山的行李的一邊，虎視眈眈地望著我們。我們小聲問蔣先生，「九件行李一個人挑得動嗎？要不要讓其他人分擔一些」他猛然站起來用二根尼龍繩把九件行李綁起，掛在扁擔的兩端。然後雙腿半蹲把扁擔放在左肩上，祗見扁擔兩端因重量而大幅彎曲，說時遲那時快，轉瞬他便挑起來站直了。臉不紅，氣不喘。我們看得目瞪口呆，不覺拍手叫好。這一叫也把對面那群挑夫攪動起來，他們指著他大罵，怎麼那麼貪心，要一人獨吞，並威脅他如果以多報少，他們要報到上級去。並向我們說：「你們的導旅一定拿了什麼好處，要小心點兒。他要一百一件，我們祗要二十就好了。」其中一位二十多歲的姑娘叫得最凶，簡直把文革時代的伎倆全搬出來。蔣先生及導遊悶在一邊不能反嘴，究竟對方人多勢衆，來勢洶洶。但我們看了一直覺得非常噁心，怎麼在客人面前那麼囂張，惡劣？我們走了，但那群人仍緊跟後面一直叫罵不停。幸好要抬徐姓夫婦的人僅出現預約好的四個人，否則這裡可要更熱鬧，熱烈了。眞是謝天謝地。

蔣先生及四位挑夫果然功夫到家，他們健步如履平地，我一群人遠遠拋在後面。看了路那麼窄，那麼陡，我們非常擔心徐姓夫婦會害怕受不了。但在休息處問他們，都回答說這四個挑夫很體貼，抬得很穩。每到下坡時，他們便自動前後對調，讓他們的頭永遠朝上看，以免看到深淵而發抖。他們走了半山便全部換人，不是他們走不動，而是政府規定：前半山由私人及公司經營，後半山則由政府包辦，前半山較險峻艱難也較貴，約八百人民幣，後半部

較平坦便宜約六百元。挑夫在生意成交時必須把執照交給客人保管直到任務完成，結完帳再交還，違反者，可受重罰，包括喪失執照。帳目需由客人簽署，一毛也不能差異。挑夫要得額外收入就全憑小費了。小費要多，就得讓客人舒服，安全又高興。所以，他們不得不特別賣力。由於他們實在夠辛苦了，而且顧客的安全及生命全掌握在他手中，一般而言，顧客都很慷慨的。譬如徐先生給挑夫八百元加上小費二百元，百分之廿以上小費算是一般的行情。

第三天的行程最短也多下陂路。許多人也都自己揹行李自己走路。沿途我們看到許多挑夫從山下山上挑許多東西，像旅館的用品、食物，建築用的水泥、石塊，大夾板等。黃山是聯合國宣稱的人類寶庫，環保做得很徹底。不但汽車、重機械不能上山，連紙屑，果皮都清得乾乾淨淨。沿途都有清潔工，稽查巡視。有一次一挑夫汗涔涔，氣喘喘背著二、三片大夾板，低頭么喝在人行道上走。人們見狀都紛紛走避。一個稽查員厲聲叫停，並要他拿出執照或通行證。那些大夾板既大且重，揹上容易，卸下困難。祇見他搖搖幌幌險象百出。那稽查員威風凜凜在看卻不伸手援助。那挑夫好不容易放到地面來，卻不小心碰壞一小角。他一手扶著大夾板，一手掏出證件來誠惶誠恐地遞給稽查員。後者一瞄便叫他繼續走路，那挑夫一時愣住。然後低頭檢視損壞的部份，臉上帶著痛苦，無奈的表情，讓我們圍觀的人感到非常不是味道。我們不曉得他還得走多遠，也不曉得他今早吃得夠飽否？徐先生在中途還給四個挑夫一人一、二顆蛋吃。但有誰給他小吃？他走這趟能賺多少？破損的部份，他要賠上多少？黃山的天氣依然那麼晴朗，黃山仍然那麼嫵媚動人，但一路上我們的心情卻蒙上一片慘霧秋

雲。

今夜是中秋，黃山的月亮當正圓。有誰知道就在這山下許多黝黑窄小的陋屋裡，有人正汗流淚滴，怨嘆明朝還得摸黑上黃山呢？

——原載於二〇〇三年五月十六日《華聲》藝文版

美日東六人行

——一隊觀光團變成美食團的記趣

二年前，我們鍾、陳、李三對夫婦在陳育賢博士的策劃下一起到阿里桑納、猶大、可羅拉多，新墨西哥、德州暢遊當地特有的沙漠狹谷地洞、湖泊等的景觀。好友相偕開懷漫遊，多美妙的人生呀！今年春天我們請陳博士再擘劃今年的旅程美加東遊。因爲我們都曾去過Canadian Rockies，又都熱愛自然景觀，便決定到美加東最著名的國家公園：Nova Scotia，Prince Edward Island（PEI），Cape Brewton Island及緬因州的Acadia。

今年八月七日，我們三家從北卡首府Raleigh飛抵緬因州的Portland，然後駕著租來的七人迷你旅行車開往加拿大New Brunswick的Saine John過夜。一路上我們談到二年前美西南之遊的兩次難忘的「烏龍」餐。其一是在一家中餐館，我們有四人訂了「炒馬麵」，結果端出來竟是「超痲」麵，辣得不能入口，祇好以冷水及白飯摻拌，愈吃愈大碗，又滿頭大汗，出盡了洋相。其二，我們到一家外表挺不錯的日本餐館吃飯，等了快一小時菜才端出來（當時已沒有其他客人了）。大家才吃了一口便紛紛把筷子擺下：「嘿，這是什麼菜——四不像

（指色、香、味、形）？」要問女侍，她竟躲起來，後來她出來說要去問，結果問不出答案。因為很晚了，恐怕找不到其他餐館，祇好勉強將就。等結帳時，經理才尷尬地承認，廚師不在，臨時叫別人充數。不過，我們六人僅陳博士獲退款，因他幾乎都沒吃。

經過這兩次「慘痛」教訓後，大家一致決定這次決不上中、日餐館，但一定要好好吃這裏盛名的「龍蝦」。「既入寶山，無空手回」。不久，我們看到麥當勞（McDonalds）廣告罕見的「龍蝦漢堡」一份加幣四・五元，合美幣三・五元。我們每人訂一份，吃得夠味。於是決定當晚非吃一頓龍蝦正餐不可。經 Howard Johnson 旅館管理員的推薦，我們就到河邊的一家 Steamer's 的海鮮餐館。兩人合訂加幣五十五有二隻龍蝦（約二磅多），一大桶 mussel，二碗 clam chowder，一截玉米及一塊麵包，加上眼睛看不到從天花板上掉下來的「味素」（樓上是舞廳，地板是木板，剛好在我們頭上），味道不錯，份量也夠。

第二天，我們沿一一四公路往 Hopewell Cape 途中在「阿媽」（Alma）小停，三位眼尖的女士馬上就發現在船塢旁邊有一家海鮮店，貨色價錢都很不錯。一般帶殼的龍蝦一磅加幣九・四五，這裏四隻剝殼的才加幣二十。每家各買一包加上 Cole Slaw，Potato Salad 各一盒，一頓美味的午餐就辦妥了。Hopewell Cape 是舉世聞名的 Rocks Ocean。Ideal Explanation Site 它的海水在高低潮時的差距竟有五層樓高（約四十呎）換句話說，在數小時內，海水可增減數十億噸。這種奇觀，足證上帝的偉大。可惜我們來得太早（下午三點半後才開始漲），祇能走海灘觀賞。（海潮高漲祇能在山上看，底下的岩石會浸到海水中）。

隨後，我們沿著二號公路北上到 Moncton。這城以 Magnetic Hill 著名。據說這裏有一斜坡，把汽車引擎停止後，汽車仍自動往上坡走。陳博士不信邪，特地在那斜坡來回三次走，汽車眞的像傳說那般自動往上坡走，但陳博士堅持這是由於光學產生的幻覺所致。我們衹是出來玩，不是做科學研究，辯好就收，繼續往 PEI 前進。我一直以爲 PEI 緯度極北，一年八月都寒冷，可能草枯樹萎，沒想到車過一二九公里跨海大橋進入 PEI，放眼過去，竟是一望無垠綠油油的菜田及黃金般的麥田，可能是這裏土壤肥沃，大自然利用短暫的溫暖氣候發揮最大的生命力。我們住在著名小說「Anne of Green Gables」的發生地 Green Gables 不到五分鐘車程濱海城 Cavendish。

以後的日子，我們是一面看一面找龍蝦買。然後再找安靜、涼爽有桌子的地方大吃一頓。其中最大餐是在景色如台灣蘇花公路的 Cape Breton National Park 上的 Cabot Trail 的公園。那頓不但有龍蝦，還有七磅的石蟹腳（Stone Crabs）一吃得幾乎「肚臍歪到背上」，眞夠癮。

吃完這頓，終於有人提出問題來：「龍蝦的膽固醇是不是很高？我們每天這樣吃，會不會出問題？」涂惠鈴及我太太都說：「不久前聽一位女醫生演講龍蝦或一般蝦膽固醇不高」我口袋有一份在途中撿來的文宣說：龍蝦的膽固醇、熱量及飽合脂肪都比同量的不帶皮雞肉及火雞要低很多，是 Dieter 的夢幻食物。從此大家每天開懷繼續吃龍蝦。

除了龍蝦，我們還吃過號稱世界最好的海鮮湯（Seafood Chowder）。那是我們在 St. Martin 遊玩 Fundy Trail National Park（這裏環境優美，環保優良，還有形形色色質地非常好

的小石子，我們每人都撿一大包）出來時看到的廣告。一碗加幣九·五，裏面有龍蝦、蟹肉、貝肉等，眞的是物眞價實，名不虛傳。喜歡吃海鮮湯的人士，一定不會錯過。該館叫 Cove View Restaurant。

最後又最好的一頓龍蝦是在 Acadia 國家公園的入口附近的一家已有四十八年的老店吃的。該老店主不但幫我選兩隻最甜美的龍蝦，還告訴我如何辨公母（頭腹之間有棒狀是公的）頭部裏的綠醬是肝汁是非常好吃又營養。至此，我們六人七天共吃四十四隻龍蝦，其中老鍾吃得最多，也是整個行程一直喊「好過癮呀！」的人。

說眞的，我們這次旅行玩得眞痛快，吃得眞過癮！

感想：

1.結伴同遊以三對夫婦或六人最合宜。如此吃飯、坐車、住旅館都很輕快方便。

2.在外旅遊，心情要完全放鬆，行事也應盡量大方，別仍牽腸掛肚，顧慮太多。喜歡吃就吃，特別是當地的特產，不要擔心吃太胖了，回家再減肥不就得了？「要吃乎死，不通吃無死」。出們不要像逃難，不要太刻薄自己，這樣才玩得痛快。否則，乾脆就不要出門，那不是最省了？

3.要玩國家公園之類的自然景觀，最好像我們一樣自己籌劃，自己開心，才能隨心所欲。要是這次我們是隨旅行團的，我們能天天吃龍蝦，到處亂停，隨便亂蓋嗎？

4.我們六人，每人都年過半百，深深覺得：「要玩需及時」。千萬別等到要別人扶、別

人推才想玩。錢財賺就有，但失去的青春是一去永不回頭的。別等了吧！

5.我們保有美西南之旅及此次美加東之旅的行程表，有趣者請電郵陳育賢索取。

附註：八月二十一日緬因州肯尼邦克港舉行吃龍蝦比賽，冠軍得主是維吉尼亞來的一〇五磅韓裔湯馬斯女士，她在十二分鐘吃下三十八隻龍蝦。See——我們六人七天吃四十四隻龍蝦不算多吧！

成功不是天上掉下來的

七月十一日從美東南同鄉會夏令會回來，接著七月十三日我及內人便飛往加州會見多年不見的老友兼北卡大校友的邱勝典、洪秀蘭夫婦。當我們抵達他們位在Fremont（San Jose的鄰城）的家時，已經是半夜了。從山上往下看，只見萬家燈火與天上無數星光輝映，非常柔美。洪秀蘭說：「明天的太陽出來更可看到大部壯觀的舊金山南灣哩！」我說：「你們的出版業做得很成功，賺那麼多錢，居然在多倫多還有這裡，都擁有那麼豪華的房子，眞是大發了。」邱勝典笑著說：「我們才沒賺那麼多錢，這棟一百萬美元的房子，是我兒子送給他媽媽的禮物，以酬謝她在他創業的五年期間，無怨無尤地照顧他三餐起居。」我問：「小堃（全名邱澤堃），是做什麼的？到底發到什麼地步？」邱勝典滿面笑容說：「他是做網路起家的，在二十八歲把他的公司賣給 CNET 公司半億多美元。」我及內人不禁叫出：「哇！眞了不起！」

邱勝典是高雄人，政大俄文系畢業，一九七〇年來北卡大。一九七一年洪秀蘭帶著小堃來美會聚。一九七〇年代，台幣四十元換一美元，留學生除非家境特別富裕，或有優厚的獎

學金，半工半讀是非常普遍的。邱勝典和我都是學文及社會科系（社會工作），不但要打工，連我們的太太也都幾乎是一下飛機就得加入打工的行列，我們可說是難兄難弟難姊難妹。

由於是鄰居，又曾一起打過工，我對邱家非常了解，特別是邱勝典的幾個事蹟，至今仍印象非常深刻。他打乒乓球的技術高超，而其「韌性」幾乎沒人能出其右。曾有人「幾乎」快要打贏，結果卻被他的「韌性」而破功。他有「磁性」的歌喉，在卡拉沒流行前，他已自行做出一系列的唱片。他不是學電腦的，但對電腦的功力卻很深厚。而最令我感動的是，他有一顆誠摯的愛心，他對患了癌症的單身捷克籍的系主任，經年累月無微不至的照顧，並在他過世後料理他的後事等等。邱勝典能力很強、創意又高，可惜一時時運不濟，他拿到第一個碩士卻找不到工作，只好再念圖書館系。畢業後雖然工作有些苗頭，但卻因沒有永久居留權而沒有進展。一九七五年，邱家只好帶著惶恐的心，搬到前途茫茫的加拿大。

說也奇怪，他一搬到多倫多，好像命運馬上扭轉。在舉目無親的異國，他居然「歪打正著」，在一星期內便找到非常如意的工作。原來在他之前已有一位也姓Chiu的韓國人，來面談過兩次。老闆決定第三次面談就錄用他，但人事室「張冠李戴」，把剛遞上申請書的邱勝典當作那個韓國人而通知他去面談。老闆明知有誤卻繼續面談，結果老闆太喜歡邱勝典，當場就錄用了他。邱勝典也不辜負賞識他的「伯樂」，一進門便發揮他的專業技能及電腦知識，把整個圖書館弄得有條有理。在這過程中，邱勝典發覺出版商、書商、圖書館要找需要的資料很紊亂又不便。如果能發展出一套「迅速」的方法，把需要的資訊傳送給對方，不是利人

又利己嗎？邱勝典看透這點，便於一九八二年辭職，在家裡的地下室開始創業。前面說過他能力強，工作又勤奮，舉凡企劃、上網、行銷、裝運、編輯等等，他全部一手包辦。經過一、二十年的努力經營，他在多倫多及聖荷西更有一頗具規模的公司，年銷售量超過百萬美元。他所出版的書畫以雙語圖書最爲暢銷，幾乎遍佈全球。

小堃一來到北卡教堂山（Chapel Hill，NC），便名遍華人村。原來他是在來美的途中，因拉肚子很厲害，空中小姐用盡了坐椅上的頭巾來收拾他似乎流不盡的「黃金液」。他這個「趣聞」，至今仍讓人談得「津津有味」呢！後來，我再見到他時，他已是多倫多的小學生了，那時邱勝典拿出一張逼眞的加幣紙鈔的手畫，說：「這是他畫的。」我幾乎不敢相信我眼睛所看到的東西是假的。而這次到邱勝典 Fremont 的家，看到兩幅栩栩如生的水牛及老鷹的工筆畫，洪秀蘭說，這是小堃十四歲時的作品。圖上上千顆的河邊石，是他花了三天三夜完成的。另一幅老鷹圖，也隨著他上「時代周刊」（Times）封面人物時上了榜。小堃從小做事就很專心一致，而且常常一學就會。譬如說他很小就跟著父親學電腦，十歲開始寫電腦程式，替父親的出版社寫一套系統管理的軟體。十四歲時，替多倫多博物館寫出至今仍然使用的電腦程式。又譬如他七歲時學打乒乓球，爲了要培養體力，他每天跑步六、七英哩，並在名師教練嚴格督導下勤奮練球。皇天不負苦心人，他在十三歲時，獲得加拿大公開賽冠軍，及世界盃雙打亞軍。

邱澤堃是學工業工程的，畢業後回台與朋友合開酒廊，但不幸鎩羽而歸，消沉了一陣子。

後來，他發覺電腦網路又窄又慢，不能讓許多人同時上網，他覺得如能發展出速度快、品質穩定的網路，把數百萬資訊在一瞬間讓一大群人使用，前途一定不可限量。經過五年不眠不休的努力，他的目標終於達成了。一瞬間，他成了矽谷的大明星，也是許多中外報章雜誌爭相訪問的對象。

邱家父子總是很謙虛地把他們的成功歸諸於他們的好運，但請不要被他們的謙虛所誤導，因爲好運當頭，但如果自己沒準備好，沒有適時抓住機會，又沒繼續不斷的努力，成功可能僅是「空中樓閣」或「曇花一現」而已。

讓我再舉邱勝典的一個故事，作爲本文的結束。

邱勝典早年患有胃疾，常不堪其擾，後來經人介紹 triple treatment 使用後，大有起色。爲完全根治，並爲日後健康，他在一、兩年前開始勤練瑜珈術，每天清晨練四十五分鐘，終年不斷。他說：「以前我連腰都彎不下去，現在卻可以膝不彎，雙掌觸地。」說完便來個現場表演。

「哇!年過五十的人，竟然身軟如嬰。」使我當場頓悟：「成功原來不是天上掉下來的，是必須不斷努力才能得到。」

註：謹將此文獻給邱勝典、洪秀蘭夫婦，向他們致謝一週來的盛意招待，尤其邱勝典出差六天，全由洪秀蘭當司機、導遊、廚師兼「家僕」，讓我們玩、吃、住，都得到最高享受，並學到許多事理，此情誼永誌不忘。

瀟洒悲壯的人生

這篇文章是十年前寫的，但不知什麼原因，一直沒發表，轉眼間十年又過去了，如再不採取行動，恐怕不久自己也將追隨她的腳步上天堂去了。

我一生遇見過無數高官巨賈，販夫走卒，但從來沒見過一個人像她：外表纖弱，實際上是強韌，瀟洒，帶著微笑勇敢走進死蔭谷的女人吳婉兒。她是台南市人，在剛滿四十歲時於洛衫磯逝世。在她短短的人生當中，她放出不少人性光輝，尤其，在她逝世前四五年，許多周遭的人都被她感動，感化。

一九八一年一月，她因胃部不舒服到醫院身體檢查。她以爲是工作太勞累，雜事過多所致。她因個性純眞，幽默，慷慨又熱心，常受邀參加各種團體活動。她三教九流的朋友又多，許多從台灣來的朋友來加州多要找她，使她一天到晚到機場接客送客。而她的家好像是免費的餐廳、旅館，自己又當免費嚮導，她常開玩笑說，如果知道她人緣那麼好，就早該開旅行社，旅館兼餐廳，但馬上又自我解嘲說：「但我如一改行這些人馬上就逃得無影無蹤了。」但這些幻想全被醫生的宣判所擊碎。醫生說她得了癌症，八十%的胃需割掉，並且只幾個月

可活，但這不是苦難的終點。因不久發現她丈夫（許建仁）也得了肝癌，夫妻同時得癌症卻又同時被用擔架上飛機送回台灣，簡直破天荒第一次聽到的。三個月後她丈夫死在台灣，她卻奇蹟似地活下來。

一般人受到這種打擊後，如再碰到一些挫折或不如意的事，就會發怒發狂，甚至發瘋了。她從台灣回美國的途中就碰到一件很令人喪氣的事，看她如何處理呢？在她寫給朋友的一封信上這麼說：「在機上十多小時也無法休息，離愁加上心悶，又眞「有幸」到日本換機後，我的位置剛好在兩排（十個）韓國孤兒要送到美國給人領養的後面。年歲是二個月到二歲大。她們時時不是「獨唱」就是「二三重唱」再不然是「大合唱」（哭得一團糟）因爲她們有生以來未坐過飛機怕怕，十多個小孩才有兩個大人在照顧她們。我的音樂程度不是很高，只好把哭聲做免費的「韓國京戲」來欣賞，反正我肚子悲哀想哭也哭不出來，由她們去替我哭也好，省我的眼淚，衛生紙。信末，她把自己的名字寫成吳「宛」兒並說大家都知道我不是男的，所以「婉」字不必加女字旁。能源要節約，能省就省。不過，愛心不可減省就好。何等開朗，瀟洒！一點也不像剛從鬼門關回來的人寫的。

吳婉兒大難不死回洛衫磯後，頓時成了名人，到處請她演講，做見證。有一次，在聖谷福音教會演講說：「論苦難我不輸舊約的約伯，他患皮膚癌我患胃癌，他一日內財產全失，我倆因病，無工作，被送去City of Hope（貧民醫院）他兒女牛羊駱駝全死了，而我在美國的家庭只有一位丈夫，無狗無貓，我丈夫就是我的一切，他去等於我失去所有的全部……苦難

不報應，而是上帝用來顯明祂的作爲。如一個爸爸提起小孩，把他摔在地，這是爸爸的旨意，這是一個殘忍的爸爸，但我確信天父不是這種殘忍的爸爸。一個爸爸當他准許他的小孩穿溜冰鞋時，是期待小孩會跌倒，再傷，再爬起來。爸爸明知小孩會摔倒，但是爲達到另一個目的，這是必經的過程與所該付的代價」。

我認識吳婉兒是我剛上大學時，因臨時找不到住宿，而住進父親的同事吳金烈先生的家，也就是吳婉兒的家。她那時已快上大學的大姑娘了，但她的純眞，有時卻像小孩，每天洗澡一定要媽媽陪，且一有機會，便像小貓那樣鑽進她爸爸的懷裡亂撒嬌一番。她講話嗲裡嗲氣的，一天到晚叫我哥哥，叫得我「心花怒放」，她又喜歡亂敲我的肩膀，尤其當她高興或假生氣時（她幾乎沒有眞正生氣過地）有時很俏皮，卻又很心軟。有一次，她媽媽帶她和我到東門圓環附近吃日本料理，她故意騙我說，那裡的芥茉一點也不辣，要吃大口，才過癮。我不知是計，就聽她的話一大口呑下去，結果，喉嚨嗆住，咳嗽，流淚，流鼻涕不停。她見狀拍手大叫好：「哭呀！看大男人在哭呀！」後來，她覺得玩笑開了有點過火怕我老羞成怒，突然說：「我笑過了，現在輪你笑。」說完，便撿一塊小芥茉呑下去。結果，她也跟我一樣咳嗽，流淚，流鼻涕不停。看她的樣子，果然讓我也狂笑不停。

吳婉兒是獨生女，自小嬌生慣養，只懂「衣來伸手，飯來張口」，大大小小的事，都有人服侍。所以，當她神學院畢業，忽然隻身跑到美國，幾乎所有認識她的人都替她捏一把冷汗。大家都擔心她會餓死凍死，再不然就想家而愁死。誰知道幾年過去了，她不但沒死，也

沒下旗歸國。相反的，她養的白白胖胖，不但學業完成，找到工作，而且也結婚了。此外，生活的十八般武藝：煮飯燒菜，洗衣鋤草，開車逛街等等全部精通了。更重要的是她變得更幽默，更開朗，對上帝的信仰更堅定，而這些特性在她「天上的移民局長」特別給她「加簽」她在世間的「護照」後，更發揮到極點。她除了在華納公司當圖書館專員外，她還在病重時當老人會及匯通銀行的祕書。她盡心盡力地工作贏得最大的讚賞。

吳婉兒在寫給朋友的信上說：「最近，『吃老』一把骨頭開始『生仙』想來想去，只好去學比劍（西洋劍），因小時候很想當名『劍客唐璜』因爲腳慢手鈍，被同學（大漢美國仔）一開始就被殺得『做狗爬』，越想越氣，這下只能當『荒唐劍客』。請問上世有那幾個人，在得癌症快死時，還去學比劍，講笑話？有關她動人幽默故事實在講不完，因篇幅的關係僅再講一則做爲結束。

聽說吳婉兒在逝世前曾雙手握著她爸媽的手說：「你們記得我出生時，因媽難產，媽及我皆昏死過去。爸見狀又見血，結果也昏死過去。現在我即將離開你們而去，相信我們三人又將同時昏死過去。但不同的是，上次是天父送我來你們這裡，而這次是天父要我回到祂那裡不再回來了。我衷心感謝你們四十年的養育及扶持。我雖竭盡心力去扮演你們孝順的獨生女兼獨生子，可惜，我無法陪你們走那未走完的路。我只能期盼你們堅持，並仰望天父看顧你們了。」

後記：一九八四年七月，我全家從北卡開車到洛衫磯，吳婉兒陪我們到處跑又講了許多

笑話讓我們笑得人仰馬翻。可惜，當時我們完全不知道她已病入膏肓，又是我們最後一次見到她。她四五個月後便逝世了。想起來眞痛心，「姆甘」呀！

初「文」難忘

凡曾戀愛的人，對「初吻」都特別刻骨難忘，而凡筆耕者，對「初文」也特別銘心永憶。

我從小對文章很感興趣，很喜歡看書，但很少動筆。一則知道自己不是寫文章的料子，二則不知往哪裡去投稿。來美三十多年，我從來沒在美國的中文報紙投過稿，直到二〇〇〇年年底，才時來運轉，說來眞是奧妙，連自己也不敢相信。

從一九九五年起，我和妻常沿著同一條路上班，除了沿途景色怡人外，我們並沒發現什麼異樣，直到二〇〇〇年夏天，我突然發現路邊有個不太起眼，專紀念亡者的小十字架。從那天開始，我好像對它著了迷、中了邪，每次經過都禁不住要瞄上一眼，心裡常想：「這人是誰？怎麼死的？是否有悲傷動人的故事？如果能把它挖掘出來呈現給世人，不是一件很美妙的事嗎？」有了這心思意念後，我的視覺及心靈頓時敏銳起來，尋求「眞相」的慾望也與日俱增。經過二、三個月的等待及「偵查」後，終於「水落石出」，我把它寫成故事後，投到《世界周刊》去。

我把這件事告訴老友，他聽後，以語帶戲謔的口吻說：「你曾在美國中文報投過稿嗎？

有無名人的推薦?」我尷尬地說:「統統沒有耶。」他笑笑說:「那麼,祝你好運吧!」經過老友這「點」,我頓時覺得自己實在太天眞無知了,我開始對自己的魯莽感到羞愧、不安及後悔,恨不得此事從未發生。

大約過了三、四天,我突然接到一位自稱是《世界周刊》編輯的蘇斐致女士的電話,說要找李彥禎先生講話。我不知到底發生什麼事,竟然要堂堂的編輯主任「御駕親征」,略感忸怩地答道:「我就是。」她聞言,馬上輕快地說:「恭喜!你寫的〈有愛無淚〉的那篇文章太感人,我們編輯部幾位同事看了還掉眼淚哩!」我一生在此之前,從未與報業界人士打過交道,對她的熱忱感到有點受寵若驚,不知所措。我懷疑是否老友設計跟我開玩笑,因此,我戒愼恐懼地說:「眞的嗎?我不敢相信。」蘇女士似乎對我的回答有點驚訝!她頓了一下說:「我打電話給你,除了告訴你這個好消息外,就是要徵求你的同意,以眞名發表。」

到這裡,讀者或許如丈二金剛摸不著頭緒,不知我在講「沙密」。那麼就讓我把那篇「初文」——〈有愛無淚〉簡述一下吧!

有一位非常疼惜動物的青年,有一天在公路上爲閃避一隻懷孕的母狗而翻車喪命。該青年的母親也曾在二十多年前在公上喪失她的丈夫,當他熱心幫人換輪胎時,被一位初拿到駕駛執照的高中生撞死。該生非常懊喪,曾服毒自殺。他被救活後受醫生的勸勉而發奮圖強,終成爲有名的心臟外科醫生,救人無數。但他的努力及成就,並未受到那「未亡人」的同情及?恕,直到那「未亡人」喪失了她的獨生子。他聞訊後立即飛到她身邊安慰她、看顧她,並

爲她的獨生子辦了一個極爲體面的喪禮。這位又是寡婦又是寡母的婦人，終於被這摯誠的醫生所感動，而原諒了他，並認他爲乾兒子。這下子，她從孑然獨身，猛地多出六個「親人」——醫生夫婦及他們的新生兒，加上兒子從墓上撿回來的一隻母狗及兩隻小狗——而開朗、快樂起來，從此進入一個嶄新的境界……。

蘇主任在電話上告訴我，我的文章很快就會刊出。但我一直想，至少也要二、三星期，甚至一個月以上吧，因大報紙通常有許多人投稿，而且高手如雲，要輪到初出茅廬、名不見經傳的我，還早得很哩。因此，老神在在，不慌也不急地等著。

大概三、四天後，老友忽然興緻沖沖地打電話來說：「嘿！好小子，你的〈有愛無淚〉一文竟然登出來了，我眞是「有眼無珠」、不識泰山呀！」因老友經常捉弄我，我怕上他的當，日後成爲笑柄，因此我說：「別找我窮開心，拿出證據來吧！」他大聲說：「好，但你得請一桌客。」我心想，如是眞實，請客也值得，因此一口答應下來。結果，他贏了。

但文章登出一個月後，我全無報社的消息。及一些朋友卻不相信，以爲我在耍賴，三不五時打電話來催。後來總算接到了稿酬，卻發生支票缺了三分之一的事，(可能在郵程中，不愼被撕裂)，我把該支票寄回後，又等二、三星期才接到一張完整的支票——$205——，眞是「好事多磨」。

朋友在席間一直逼問那篇六千字的稿費是多少？我沒辦法只好從實招供，他們一聽大叫起來：「什麼？花了快二、三個月孕育而成的文章才拿到那一點點，簡直比在路邊的「伸手

將軍」賺得還少，又辛苦得多。」幸好，他們不知道我近來的「報酬率」每況愈下，慘不忍睹。我投給台灣人辦的報社、雜誌的稿，可是一毛錢也沒有拿，如果他們知道，可能會把我「笑死」或「可憐死」了。

說眞的，我投稿完全不是爲了稿費，如要靠稿費過活，我可能早就窮扁餓死了，我是爲了興趣及交心而來的。只要編輯及讀者大人不嫌棄，能受到他們的「讚賞」，就是我最大的報酬了。

我非常感謝我的「初文」，能得到蘇主任的接納及欣賞，我的人生的確受到很大的鼓勵及影響。願天下的編輯大人都能有如此雅量及仁慈。

綁肉粽

最近幾年來，凡是參加同鄉會舉辦的肉粽節聚會的人，都一直稱讚同鄉會所綁的肉粽既香又可口，常常在餐後買一大堆回去再過一個口癮。大家會吃，但其製造的過程如何就沒有多少人清楚。今年「綁肉粽隊」移師到我家來，使我有機會觀察整個過程，所以，自認很夠格向大家報告與大家分享。

今年綁肉粽與往年最大的不同就是把時間提早一星期。原因有二：以往的「肉粽隊常備軍」恰巧出外風騷去，僅「老將新兵」留守。如等大軍返防，恐時間已太匆促。有「專家」指出，肉粽經冰凍後再煮比沒凍過好吃。理事會爲萬全起見。決定在 e-mail 上招兵買馬。沒想到應召的人數多得出乎意料之外，共有十八人之多。

「專家」告訴我，我家的廚房容納十八人是沒問題，但最好不要在那裡綁，以免弄得油漬滿地，粽味久留不去，她建議就用我們的車庫。但車庫沒冷氣，又易招來蚊蠅，爲了表示竭誠歡迎貴賓蒞臨，一星期前就把房車四周噴了驅蟲劑，並在一天前把草剪短，把車庫清洗乾淨，並放了兩台電風扇。

六月十六日上午九點半，永遠準時的黃英男醫生及夫人許糸秀美就出現了。他們帶來三把穩固堅美的矮凳，兩根掛粽的長棍，十五綑的肉粽繩，每綑二十四條，非常整齊美觀。隨後，林洋如、涂惠鈴、張瑤瑟（謝媽媽），沈俊毅、林玉郎吳春卿及兩位從 Chapel Hill 來的李勝珠及江淑慧相繼出現。九點五十分，萬事已俱備，祇欠東風——粽葉未到。幸好，沒多久，美麗端莊的鄧廣美終於姍姍來遲，帶來她先生 Odenwald 洗得又乾又淨的七百張粽葉。（要全部一張一張洗，一張張擦，這種工力，祇有鄧女士才能調教出來。聽說鄧女士最近在「伊媚兒」（e-mail）上招兵買馬，想成立一個「服你」會（婦女會），看樣子，這裏的男士要「皮繃得緊一點」。）

整隊十八人的烏合之衆，要做出有效率的工作，非有良好的組織不可。在會長吳春卿的領導下，林洋如負責運籌連絡，黃英男負責工作配合，七十多歲的物理教授陳義雄負責火候，氣象教授林玉郎則以善於「風捲殘雲」的本領，負責打掃及洗米。沈俊毅是男士中最年青，當臨時「不管不」部長，凡是份外的工作，如切西瓜、黃瓜、送飲料、加鍋水、倒垃圾等，他全包了。看他「就輕駕熟」的樣子，可見在家也是「賢內夫」的一員。所有的女士則分成兩隊，各由謝媽媽、石惠美、陳靖枝、許糸秀美等領軍。

由於背景及經驗不同，綁粽的過程先由「母雞帶小雞」開始。起先似乎有點手忙腳亂，笑話百出。幸好大家聰明，手腳伶俐，很快就上軌道「出師了」。綁粽是一種技巧。不能「麻騙」或投機取巧。不按步就班去綁，雖表面好看，一煮下去，原形就畢露了。這次就有一些

肉粽，一煮就「天女散花」了。要吃祇好到鍋裏「大海撈針」了。除此之外，偶然發現一個大奇蹟，即有人用三張葉子綁。一般而言，僅用一張，頂多兩張，要用三張以上，就得很費勁及技巧，大家正議論紛紛，猜是哪位天才的傑作時，我們的林教授忸怩地說那是他綁的，因爲有張破了，丟悼可惜，所以外加一張。他承認三張的確不好綁，他費了九牛二虎之力才勉強綁緊，果然是天才！

其實隊裏天才多得是，原本計劃要花四、五個小時才完成的工作，不到一小時便已綁好一半了。爲了節省時間，粽子綁兩綑便拿去煮。我們一共有三個瓦斯爐，除了我的外，林洋如、李宗敬各提供一個。所以可以同時煮六綑。粽子初放下鍋時，必須上下提放幾次，才把蓋子放上。我們一面綁一面煮一面說笑一面吃喝，眞是喜洋洋、樂融融，沒半點工作的辛苦。我們平時都很忙，很少有這種雅緻的時間，享受這難得的相聚。在這種氣氛下，時間似乎過得特別快。一小時轉眼就過，我們把一綑肉粽提上，打開一個看，謝媽媽慧眼一瞄，便馬上說：「還不夠熟，飯團與粽葉還有部份黏在一起」。我們祇好放回去再煮。半小時後再提起來，這次就全熟了，而且香噴噴，眞叫人流口水。吳會長看大家一副「餓殺殺」的樣子，同情的說：「好！每人可以吃一個，但儘量揀壞的吃，把好的留到大會」「吃一個怎麼夠？」有人暗暗叫苦，但爲大會能有夠吃，大家祇好猛吞口水。幸好那天我們爲稍盡地主之誼，準備一些果菜、紅豆、土豆、薏仁湯，加上吳秀子的菜頭粿，石惠美的鹹菜苦瓜湯，以及許糸秀美及我女兒特地爲祝賀我生日親手做的意大利糕及水果糕，才不致讓大家餓著肚子回去。

大會結束前有個大拍賣，一百多粒粽子，不到五分鐘就全部被搶光。大家眞是捧場。有人問：「這裏的肉粽怎麼那麼好吃？」我說：「裏面包得不祇眞材實料，還有無限的愛心。」「那麼它叫什麼？」我笑著說：「就叫『糸秀美粽』吧！因餡是她配的，包起來又外『糸秀內『美』，是名符其實。而最重要的是感謝她近幾年無私地開放她的家，讓『粽子隊』舒服快樂地綁肉粽，以供同鄉享受，我們吃了人家的肉粽後，總不該把人家忘記吧！」該年青人聞言拍手叫好道：「眞有疼心，太好了！何況『糸秀美粽』叫起來像『燒肉粽』，好叫又好記。」

【註】：「糸秀美粽」的配料有豬肉、香菇、紅蔥頭、蝦仁、醬油、糖、白椒粉、蠔油、糯米、雜白米。至於如何配、如何滷、如何煮，就請向糸秀美本人請教吧！很抱歉，在下祇會寫、祇會吃，不會做。

阿財兄　阿財嫂　對話集

妄論人是非　小心下地獄

阿財嫂：「那天老劉夫婦來訪時，他們屁股還沒『坐燒』，你便口沫橫飛，手舞足蹈地向他們報告本地同鄉的花邊新聞及小道消息，爲什麼呢？」

阿財兄：「因爲他們離開這裡很久了，需要給他們up-date。」

阿財嫂：「可談的話題多得很，你卻偏偏集中在論人是非，這些馬路邊消息，不見得眞確，你沒求證就亂傳話，不會妨害人嗎？」

阿財兄：「我不是創話者，衹是傳話而已。何況謠言止於智者，信不信由他。我哪裡犯了錯？妳別胡思亂想，緊張過度。」

阿財嫂：「你以爲衹傳話就無罪，不必負責任嗎？我請問你，如果有一個女孩拿著斷了頭的洋娃娃，哭啼啼的說她媽媽被殺死了，難道你不分青紅皀白地廣告天下她媽媽被殺了嗎？你聽到的花邊新聞、小道消息，都是道聽塗說而來。雖然這些人你都認識，但你並不眞正明白眞相，你就熱中散佈傳言，你的居心何在？」

阿財兄：「我是關心他們呀！才向老劉提到他們，因爲他們也都是朋友呀！」

阿財嫂：「嘿！什麼叫關心，什麼叫朋友？當他們受苦受難時，你在哪裡？你曾問候過他們？幫助過他們？我看你倒是有點幸災樂禍，心存不良或妒意。不然人家患重疾、婚姻觸礁，父子反目、經商受挫或被公司裁員等不幸的事，你心不存同情，反而像講笑話，講得津津有味，笑聲連連。你呀！眞的要小心，不要掉進地獄呀！不論佛教或基督教，對這種行爲都沒有好評價，都沒有好下場。」

阿財兄：「好太太，別嚇我好不好。我死了，妳變成寡婦，妳的日子也未必好過。不過，如果我現在就去信教，我還有得救的希望嗎？」

阿財嫂：「如果你眞的心誠意決信了教，可能會成一個全新的人，或許你還可得救。但我看你終日嘻皮笑臉，玩世不恭，一點誠意也沒有，還是別囉嗦，乾脆等下地獄算了。」

阿財兄：「妳怎麼可無憑無據論斷我呢？」

阿財嫂：「你說我冤枉你嗎？好吧！下星期天有個佈道會，你有誠心去聽聽嗎？」

阿財兄：「喔！那天我早已跟老張老陳約好去打高爾夫球了。眞不巧，如下下星期天就好了。」

阿財嫂：「我早就猜出你會有這一招。事實上佈道會就是下下星期天！怎麼樣？你還有什麼話說？」

阿財兄：「啊！我可能患老人癡呆症，我們的高爾夫球就是下下星期天！我剛記錯，眞

該死，抱歉抱歉。」

阿財嫂：「唉！不必向我道歉，向你自己道歉好了。因爲他日在地獄嚎啕大哭，後悔不已的，不是別人，就是你自己呀！」

台灣人大家來作伙

大家來作伙，不但是每個海外台灣人的權利，也是義務！

春節快到了，也是海外台灣人最喜愛的節日。人們在這天暫時放下俗務，煮了一、二大盤拿手好菜，扶老攜幼，興高采烈浩浩蕩蕩湧進台灣同鄉會舉辦的春節晚會。在那裏，除了享受難得的家鄉味及精彩節目外，人們可以舊友新知，無拘無束天南地北亂蓋，互訴心衷，分享苦樂。也可智識交換，互通有無，增加商機，增廣生活情趣，更可臉紅耳赤爲不同的政見辯個高低。小孩不但可拿「過年」紅包，也可在「黑白人」充斥的生活圈找到自己的「認同」。眞是各取所需，各得其樂，大家皆大歡喜。

有人說「台灣同鄉會」眞是功德無量二、三十年來給分散世界各地的台灣人無限的歡樂，舒解無盡鄉愁。這話沒錯，但僅對一半！因爲如果台灣同鄉會的功用僅及「情感面」，尚可找其它門徑達到其目的，而不必冒著生命危險去忤觸「獨裁者」的逆鱗。所以，三十多年前第一代留學生成立台灣同鄉會時，背後實有一段難言的苦衷。

當這些早期留學生踏出專制統治的家鄉，呼吸到民主自由的空氣時，他們就覺悟到台灣

人要「出頭天」要「當家作主」就必須團結起來。他們覺得台灣自古以來被視為「蠻夷」之地，而待之如「棄嬰」，為什麼打敗戰要割讓土地，台灣就是第一個送給人。四百年來，台灣就被葡萄牙、荷蘭、日本蹂躪過。後來又被口口聲聲叫「反攻大陸」的國民黨統治四十年，直到十多年前台灣人才開始嚐到「當家作主」的滋味。但命運坎坷的台灣人並不從此穩坐安樂椅，平安舒服過日子。相反地，台灣人不斷受對岸「骨肉同胞」的「大力關門聲」「不順服就打」的叫囂聲吵得心驚肉跳夜床難眠，擔心不知何時又要成「蠻夷」之民或「亡國奴」。

求生是人類的本能，當台灣人面臨這存亡之際，便開始尋求自生之道，解厄之方。找來找去終於找到猶太人的求生之道或許最值得做台灣人的借鏡：

猶太人古稱希伯來人，原是一個遊牧部落，約於西元前二千從幼發拉底河流域來到迦南，即今之巴勒斯坦。後因迦南大旱，移民埃及並受其奴役。四百年後，在上帝的協助下，由摩西帶領離開埃及重返迦南。西元前一千二百年，掃羅把原十二部落的希伯來人統一而成為一個強盛獨力的國家。但傳了三代，便因人心敗壞，國家分裂為二：以色列國及猶太國。西元前七二二年，以色列被亞述所滅，而猶太國亦於西元前五八六年為巴比倫所亡。此後希伯來人便一直在異族的統治下被迫分散到世界各地，沒有自己的領域，沒有祖國，而成眞正的遊「幕」民族。二千年來，他們受到歧視、迫害甚至殺戮。其中最悲慘的是在二次世界大戰中，有六百萬猶太人死於納粹德國的「最後解決」。但多苦多難的猶太人不但沒亡，居然一九四八年復國成立以色列國。從立國至今，四面八方的敵人時時刻刻都想置他們於死地，使他們

日夜不得安寧。他們所居住的土地荒涼、資源貧乏，但憑著他們的智慧及毅力，成功地征服了沙漠，使綠洲不斷伸展。他們的農作物曾創下多項單產世界紀錄。而他們為文明做出的貢獻也遠在其他國家之上。據統計，從一九〇七年到一九七〇年，猶太人獲諾貝爾獎的比例是其餘世界的二十五倍。今日全世界都奉行每週工作休息一天，就是源自猶太文化。

許多文明古國淪為歷史遺骸，任人憑弔時，猶太人卻百折不撓，欣欣向榮。他們所憑藉的力量是什麼？這幾乎是全世界的人都在問的問題。很簡單地說，他們就是有永不動搖的信念及有聰明絕頂的智慧。更簡單地說，他們就是憑藉這兩本書：「聖經」及「塔木德書」。

民族生存要素

「聖經」是今日世界出版最多的書，只要稍有接觸的人，多多少少知道「聖經」所傳述的教理及故事。猶太人就是堅決相信「聖經」所記載的話，一口咬定他們是宇宙唯一眞神所眷選的子民。他們雖屢次違背神的主旨而受懲罰，但他們始終相信神會來解救，並賜福給他們。因爲他們有盼望有信心，所以他們在萬難之下，仍奮鬥不懈，堅持到底。

除了「聖經」做爲他們信仰的圭臬外，猶太人還有一本累積數千年來無數「拉比」（教師）匯集而成的智慧結晶——「塔木德書」，做爲他們生活手册及迷惘時的指南針。

以下茲舉數例聊表其徵。猶太人一年有三個主要節日：「逾越節」（初春）、「五旬節」及「佳棚節」（仲夏），用來凸顯猶太人的特色，加強猶太人的認同。

「逾越節」的由來，是猶太人被埃及奴役四百年後，在上帝的指引下，由摩西率領逃離。爲了迫使埃及法老答應他們平安離去，上帝要擊殺埃及人所有長子及一切頭胎牲畜。行事之前，上帝告訴猶太人在一月十日選好美好的羔羊，於十四日傍晚宰殺，再把羊血塗在門楣或門框上，然後把羊肉烤熟，當晚吃光，準備上路。當晚上帝天使按言擊殺埃及人所有的長子

及一切頭胎牲畜。但逾越門上塗有羊血的人家。自此而後，猶太人每年遵守「逾越節」，並把當年的情景重新演練，也就是說當晚一家人或親友相聚烤羊肉，吃無酵餅及苦菜，並裝扮打包遠行。數千年來猶太人不敢忘恩，永記苦難的認眞精神，就是他們凝聚力的來源。

「中共」建國期間也曾東施效顰，提倡「憶苦思甜」運動，但曾幾何時，人人爭向「錢」看，混進浮華罪惡世界裏，可見信仰及口號不可同日而語。

至於「塔木德書」中表現猶太人的道德智慧，可由下面兩個例子略見端倪：

有人問拉比：「有人要我去殺某人，如果我不去，他便會來殺我，我該怎麼辦？」

拉比答：「寧可讓他殺你，也不要去殺人。你憑什麼認爲你的命比他人的命更珍貴？」

又有人問拉比：「有兩個人在沙漠迷失，其中一人有點水剛夠一人喝存活，如果兩人分享則兩人都將渴死。在這種情況下該怎麼辦？」

拉比答：「擁有水的人應喝水以活命。」

猶太人把最重要的生命列出兩個基本處理原則：『人不應該視自己的生命價值高於他人；但一個人自己的生命價值也決不低於他人。』眞正做到：『己所不欲勿施於人，人所不欲，勿施於己』合乎道德的智慧，智慧的道德。

台灣人和猶太人有很多類似的地方，譬如都很勤勞、聰明、重教育、有創意、精財經，並且都有多苦多難的歷史，其子民也都遍佈全世界。但猶太人卻有台灣人所缺少的堅定的信仰、共識的智慧及團結共生的凝聚力。台灣人缺少這些最重要的民族生存要素，如果萬一有

一天台灣被霸佔被併吞了。台灣人將憑什麼存活？憑什麼復活？想到這裏，身雖在暖室中，心卻不寒而慄。

台灣人相聚一起，不祇有歡樂、解鄉愁，更能激發台灣人共同命運不可分離的共識。「台灣同鄉會」過去對台灣的民主政治有傑出不可抹滅的貢獻，相信對台灣未來的命運也將有舉足輕重的影響，我們不能忽略它，更不能讓它消失。

台灣！大家來作伙吧！

後記：本文完稿後得悉陳水扁總統將成立「台灣智庫」。目前其重點似乎偏於政、經、軍及兩岸關係。基於現實的考量，其短、中程的措施是有其必要。唯希望「台灣智庫」在此重要時刻能爲台灣未來的永續，創出健康長遠的社會文化價値觀，進而爲台灣人建立「心連心，血肉與共」的堅強信念。

「情」獸不如

最近有一隻在海上被遺棄的台灣土狗福吉，獨自在廢船上漂流二十四天獲救。消息傳開，福吉不但成爲國際媒體的頭條新聞而到處出鋒頭，而且成爲狗中英雄到處受歡迎、欽敬。牠的鋒頭之健，不但美國前任總統克林頓的寵物 Buddy（後被車撞死）瞠于其後，甚至世上也沒幾個人比牠強。但這種「狗運亨通」自古以來有幾個？何況這種故事僅能發生在美國。其他國家誰願花美金五萬，動員船隻，飛機去拯救異族的土狗。

三十多年前，初來美時，我曾像當時多數留學生一樣，有機會就去打工。有一年，我在紐約大學附近打工，每天乘地鐵去上班。很奇妙，我幾乎每天早晨不期而遇一位瘦小的白人老阿婆，一手牽著活力十足的小白狗，一手提著塑膠袋，沿街踏躂。起初我沒大多注意她們，因初離鄉背井的人，心理已裝滿離愁，苦悶而心無旁騖。直到接二連三看見她在路邊彎下身，用紙或布在地上擦拭，再用綠水刷洗。我在臺灣從來沒見過有人這樣做，因此非常好奇停下來觀看。她抬起頭，微笑對我說：「我女兒瑪麗及我喜歡早晚出來散步……」我環顧四周不

解地問：「妳女兒在那裡？我沒看見。」她聞言咯咯大笑：「瑪麗就是這隻小白狗。牠是我的心肝寶貝女兒，自從我的老伴數年前歸天後，我們倆就相依為命，形影不離……」我因趕著要上班，沒聽她說完就打揷說：「妳剛才是在做什麼？」。她笑笑說：「瑪麗很奇怪，從不在家中『方便』，而喜歡跑到外面來，我祇好全副武裝為牠善後，免得污染環境，禍延他人。」我當時聽了很感動，對她由衷地肅然起敬。後來見識多了，才知道幾乎全美國的狗主都有這樣的共識：「你愛寵物可以，但不能妨害他人。牠要上街『撒黃金』悉聽尊便，但不能讓人踩到『黃金』」。

後來我要接家眷來美，有人勸我三思而後行說：「美國是沒有人情味的國家，你敢冒險讓家人來嗎？」我說：「祇要他們一直有禽獸味（美國人喜歡親親抱抱他們的寵物），我不怕他們沒有人情味。」我不僅把太太，小孩接來，連岳父岳母也接來。我岳父一生奉獻給臺灣，退休金卻不夠買一間廁所。倒是他沒有奉獻過的美國，奉養他直到九十歲仙逝時為止。

一九八六年，我們全家回台省親。我問小孩對台灣的觀感如何？他們說：「東西好吃，風景美麗，親朋親切好客，但天氣熱，蚊蠅多，街道髒亂，一般人講話粗魯大聲，對動物殘酷，動輒踢牠們，打牠們……。」我再問將來願不願回臺定居？他們聳聳說：「一個對生命及環境有憐憫，愛心的社會，自然使人喜愛，而不愁沒有吸引力。」。「怎麼證明呢？」我進一步問。他們說：「這很簡單，祇要走到街上感到很安逸，很安全；碰到的動物不再有恐

懼，猙獰的眼色就是了。」

我小時候住在屏東市酒廠的旁邊。每天看見許多牛拉著龐大笨重的酒糟車從我家前經過。有一天，有一隻瘦骨嶙峋老牛拉不動車，車夫在旁對牠又吼又叫，但老牛就是拉不動。四周的人聞聲都圍攏過來，車夫老羞成怒，竟從車上抽出拳頭粗的木棍，狠狠往老牛的背上猛打。老牛沒有哀嚎，沒有反抗，祇是眼色充滿驚恐及痛苦。最後不堪受打，終於口吐白沫倒在地上。車夫毫無憐憫之心，仍口罵不停，手打不止。老牛最後的結局如何？我不知道。因我實在不忍看下去，流著淚逃開了。哎，人間竟有如此殘忍的事，讓我幼小的心靈，劃上永不消失的傷痕。

最近屏東有一位女士十年來收容了二百四十隻的流浪狗。去年生意失敗，但她仍掙扎到九如鄉下繼續她的狗園，繼續收容被遺棄，生病，受傷的流浪狗，提供牠們溫暖的家。她的偉大愛心，使我非常感動，並以跟她同是屏東人感到光榮。但當我繼續看到「有不少人把狗兒逕自丟棄在朱義玲的狗園前，讓她的擔子更加沉重，有一次她在狗園前發現一個布袋裝了二十多隻小狗。布袋還被綁得死死的。當她打開時二十多隻小狗已經死了十三隻。讓她痛心許久」，豈止讓她心痛而已，連我及無數讀者也感到心痛。哎！台灣離理想的社會還是有一段距離呀！

就在同一天的報紙又有一則報導說：「在中國人們可以肆無忌憚把她們的寵物活生生放進微波爐裏烤來吃，或者把自己飼養的狗的聲帶割斷，以免牠們出聲被鄰居密告國稅局罰他們養狗不繳稅。北京甚至有名大學生無緣無故把硫酸澆在動物園的五隻熊身上。廣西桂林的「雄森山莊」甚至可以活牛餵老虎，用驚心動魄，殘暴殘酷召來遊客賺錢，當有人抗議時卻找不到法律可以懲罰那些虐待動物的人；向有關當局反應，也不受到重視。說來眞可憐，人類已進入二十一世紀了，但許多居住在大陸的人，其所受的待遇居然與不會講話，無力反抗的禽獸相差無幾。因爲他們隨時可能被抓，被關，被凌辱，被殺害。人權及生命得不到保障。

一個國家是否眞正文明，不是在其歷史的長短或國土的大小，人民的多寡，而是在其對生命的尊重及保障的深淺。沒有人權的國家絕不是文明的國家。不講情理的人連禽獸都不如。

巧言妙喻話選舉

台語眞（sui-美），富機智又幽默，它能把冗長複雜的心思意念用簡練、通俗的方式表達出來，它也能把原本困難、尷尬、痛苦的處境用輕鬆、幽默又不失尊嚴去化解。我們就以這次台灣總統選舉爲例，來看看台語的巧妙。

●總統？飫（餓）雞拄（tu，遇）著一堆蟲：總捅（啄）即總統。

●第一戇，替人「選舉」運動。第二戇，種甘蔗給會社（公司）磅（稱重收買）：兩者皆造福他人，被人剝削的愚笨。

●「選舉」沒師傅，用錢買就有：有錢能使鬼推磨。但天下沒有白吃的午餐，他當選後就從你身上撈回本十、百倍。

●做官若清廉，食飯要攪鹽：幾乎每個候選人都說自己很清廉，但有幾個人說的話是眞的？不如說：「擔屎沒偷飲」較令人相信吧！

●乞食趕廟公：廟公好心讓乞食暫住，乞食卻「喧賓奪主」要趕廟公。這是老前輩郭國基競選省議員時一句名言。

●小漢囝仔穿大軀（su）西裝：大輸（選敗了）。

●惡人先告狀：打人喊救人又先去告發別人，其卑鄙莫此爲甚。

●西裝店歇睏（關門休息）：「不」做衣「服」～不服。有人選輸卻愛面子，不怪自己，全怪別人。

●觀音媽偷食鹼魚：觀音媽食菜，怎會食腥？簡直亂「冤枉人」。

●白白布，強強要染黑：欺人太甚。

●抹粉入棺材：死要面子。選舉不認輸，還要起「屁面」。

●和尚撐雨傘：無法（髮）無天（天被傘遮了）。作票、舞弊等違法，沒天良的事全出籠了，祇要勝選。

●墓仔埔放炮：吵死人。台灣的選舉恐怕是全世界最熱鬧的。鞭炮、擴音機不但白天大聲放，有時連半夜也不停放，眞吵死人。難怪這期間許多人情緒不佳。

●囝仔做戲：做無路來。蓋小孩無知，做不出大事來。

●歹戲拖棚：戲差，演不下去了，卻硬著頭皮要拖，弄得觀衆疲倦不堪，怨聲載道。

●西洋看平（京）戲：如鴨子聽雷公、青瞑看電影：聽無看無啦。

●曲痀（駝背）街頭扑（打）拳頭：食力擱歹看，出盡洋相。

●烏龜爬戶碇（門檻）：看按怎扳（ping），烏龜過門檻時常不小心就翻身四腳朝天，咱等著瞧，有什麼好戲上場。

●種匏仔生菜瓜：有夠衰。倒霉又被人錯怪，眞是禍不單行。

●土地公毋驚風雨吹：老神在在，要軟要硬隨他來。

●歸欉好好——無剉（整棵樹沒被砍，完整無缺）：無錯。非常光碟裏常引用這句話。

●蠓（蚊）仔叮牛角：無采工，白費工夫。

以上三句連句，即表示：不管對方用盡了「小人步」，我還是「處變不驚」完全無損。

●扦（提）籃仔假燒金：原指婦女假上廟去會情人。這是李登輝總統嘲笑「六月芥菜——假有心」人士的常用語。今日卻有人「假民主，做歹事」眞是地獄又多一層。

●人在做，天在看：這句話不管選勝選輸都可用，而且都可振振有詞。

●不是不報，是時候未到：盡了所有人力後，仍未達到欲求的目的時，這句話是給自己找台階下的最好安慰語。

如果說人生是舞台，那麼選舉衹是一齣戲。戲演完就該鞠躬下台，讓別的好戲上場。有選舉不等於有民主。民主應包含尊重、容忍、法制、公正、公意、愛國、愛民的心，缺少任何一項民主就有缺陷。缺少很多項，就變成「假民主」。任何人懷「邪惡的」心，高舉「假民主」的旗幟，摧殘眞民主，人人可唾棄之。

台訊

一九七九～八〇年的北卡台灣同鄉會及「台訊」的創刊

一九七九年我「有幸」被選爲同鄉會會長。我說「有幸」因爲聽說當時台灣政府對海外人士特別照顧。不但「體質不良」，「耳朵有毛病」的人常蒙受「侍候保護」。而且回台時可享「免費食住」的招待。如「病情」嚴重的還可以到「綠島大學」進修一番。所以，當我被選爲會長時，馬上有人把我升級爲「台灣的北卡州長」，保證我的名字上「貴賓的名單」。那時我剛從鄉下搬到 Raleigh 以爲升官是很風光的事情。那知，走馬上任時，便發現這「州長」比「桌長」還不如。不但沒屬員，沒辦公室，連桌子，椅子都沒有。庫存除了約二百元外，只有一個髒茶桶，一套破舊的棒球具及一個排球，比廟裏的乞丐還窮。

「巧婦難爲無米之炊」，爲了要大展鴻圖，我這「州長」搖身一變而成「捉長」，一天到晚到處「捉人」、「捉資金」，劉備三顧便把孔明請到。而我找到的人才，卻是「妻哭爸愁」來的。因爲如事情做不好是會被「砍頭」的。這些人才眞不愧是喝過洋水的，一下子便

把原來死氣沉沉的同鄉會變成生龍活虎。我們不但成立「合唱團」（陳振揚主持），小型管弦樂隊（陳端潼），壘球隊（魏靖松），排球隊（李漢星）而且出刊「台訊」。幾乎每個週末的下午成群結隊的同鄉到NC State的球場打壘球或排球。晚上則歡聚在學生宿舍開講「朴豆」。我們的觸角不但從三角地區延伸到全州（從東部的Greenville，中部的Greensboro，Winston Salem到西部的Charlotte，等）我們的壘球隊甚至遠征到田納西州，亦贏得數次美東南區壘球賽冠軍。

至於「台訊」的誕生及成長是經過不少困難及折磨，一則沒經費，又沒有經驗，一則由於當時的政治環境，很少人敢拋頭露面出來做文宣的工作，以免被抓到把柄。因此，「台訊」的初期內容儘量以詼諧，輕鬆的筆調報導鄉訊及一些簡單的理念。其中比較膾炙人口的有「阿財兄阿財嫂」的對話集是充滿幽默及暗喻。「Jean & James」是以台灣英語講笑話，精彩的幾句有「Don't three eight（不要三八）·，no three no four friends（不三不四的朋友）·，seven morning eight morning, cry father cry mother（七早八早哭爹哭媽）·，people mountain people sea（人山人海）。」「戇人集」是介紹出力出錢而不求報的同鄉，「三叔公講堂」是專講台灣歷史，有一次因講到「光復軍」及「接收員」買了水龍頭往牆壁插，卻不見水出來，於是氣呼呼拿回店向老闆埋怨，而惹起「讀者」強烈抗議哩！

至於日後「台訊」由溫和風趣，變成辛辣勇猛，充滿政治味的刊物，以及北卡三角區由平靜，默默無聞演變成美國台灣學生運動的發源地，台灣民主運動的朝聖地，可說是受到台

灣民主潮流的衝擊而來。一九七九年十二月十日美麗島事件；一九八〇年二月二十八日林義雄母女遇害；一九八一年七月二日陳文成返台遇害，一九八一年北卡校園特務事件（主角郭倍宏及林國慶）等等都自然而然變成「台訊」最關切的主題。凡久居此地的台灣人都可做歷史的見証，我就不必在此多言了。

在祝賀「台訊」出刊一百期之際，做爲「助產父」的我謹虔誠地祝福她，長得更健康，更美麗。

——原載於一九九六年《台訊》一〇〇期

最佳演員、最佳推銷員

最佳演員

最近台灣的宗教界眞是熱鬧得很。一齣劇還沒演完，另一齣劇又馬上登台。而且高潮迭起，越演越精彩，簡直令人目不暇給，眼花撩亂。

且說最早登場，演技最佳的男主角宋七力及配角鄭振冬，他們是在台北監獄裡認識的。宋七力曾偶然讀到熊十力所著的天人合一的書而得到啓示。出獄後，兩人合作「演唱」。由宋仿效熊十力，對外宣稱與天俱來即有七種神通，簡稱「七力」鄭則以其大弟子自居，見面時行跪拜禮。他們請羅正弘以重曝光的攝影技巧爲宋七力拍攝所謂「虛空分身顯相」「私身體發光」的照片，並稱宋七力具有發光、分身、驅邪、除病、祈福等神功。由於他們絕佳的演技，不但風靡全台灣，而且海外、中國大陸也有很多信衆。在短短數年間，他們便撈了近三十億台幣（包括北京、瀋陽等地高級知識份子，高官名流所捐獻約兩百萬人民幣），並成爲連副總統的鄰居。一時輝煌騰達，不可一世。

可惜，以空賣空的「七力」比不上實用實惠的「送七利」（福祿壽喜名財樂）而導致窩裡反而拆穿了他們的假面具。最後便成可能要在監獄過著「淒厲」的七年面壁生活。

「作戲空、看戲戇」，如果演者自演，看者自看，把舞台上扮演的跟實際分開，或無可厚非，但如果假戲眞作，台下的觀衆硬要跳上舞臺上湊熱鬧，而演者也自以爲眞正的劇中人，則原來的喜劇可能變成鬧劇，甚至變成悲劇。

最佳推銷員

妙天禪師不但舌燦生蓮，且能把蓮花座當金礦出售。一個小小的蓮花座，平淡無奇，無甚價值，但經妙天禪師一點它變成祈福延壽，積功德往永生的吉祥物。數年前才賣一、二萬台幣一座，現在已增值到一、二十萬台幣。妙天禪師一下子歛得十多億台幣。世上有幾個人像他能點土成金，賣那麼多？眞是天下最佳推銷員。

只是，「妙算」不如「天算」原來穩坐金山上的卻被掃「宋七力」的颱風掃到，使他違建的蓮花座一夜間被摧殘殆盡，使妙天禪師一下子便成「妙天慘輸」。

往天堂的路如果那麼容易走，可用金錢買得到，那天堂裡一定擠滿有錢人了。聖經說「富人進天堂比駱駝穿過針孔還難」。可惜世人把駱駝看的比螞蟻還小，把針孔看的比紐約的林肯隧道還大，以致往往認爲凡事可花錢消災、祈福，而「勤儉」、「謙卑」、「腳踏實地」

等固有美德逐漸受侵蝕、摧殘。如果這種心態、情勢沒有改變，那將有更多的「宋七力」「妙天禪師」以各種不同的面目出現。

——原載於一九九七年元月於《台訊》

呷好相報

最近內人及我決定把一星期中最忙碌的星期六關門，去做自己想做的事，譬如參加同鄉會所舉辦的活動。許多親友贊成我的做法說：人生短促，生命又是無常，不這樣做要等待何時？下列是幾個重要的事實：

第一：曹小姐是朋友的女兒，長得非常聰明，美麗又活潑熱心。一二年前得了法學博士學位，並獲得北卡律師執照，前途可說非常光明遠大。豈料去年十一月一場急性腎臟炎卻奪走才二十六歲的生命，傷透父母的心及所有認識的親友。第二：去年感恩節我回台探望年近九十的父親，想到他年青的瀟灑活躍，而今卻連走路，講話都緩慢有困難。想到幾十年後我可能也像他今日的情況，一股悲悽湧上心頭久久不去。第三：有一位非常富有的親戚，他行醫一天的收入幾乎比一般人一個月的薪水還多。他日夜工作甚至週末也難得休息。兩個小孩聰明絕頂，都是全年級第一名，只是女兒從小嬌生慣養，連最簡單的家事及人情世事都不懂。結果上大學二次皆因適應不良而休學。全家人爲此深感困惱，誰說金錢是萬能？第四：一年半前搬到休士頓的好朋友，最近得了腦瘤，開刀九小時，住院二星期，幾乎丟了性命，她的

身體一直很健康，做夢也沒有想到這會發生在她身上，她是位很虔誠的基督徒。她認爲這次是神救了她，她一定要珍惜生命，並爲神做更多的事工。

第五：好朋友黃醫生夫婦平時看病行醫很努力，但一到週末便悠哉悠哉，種花植草，訪友探子，唱歌，購物，雖然賺得少一些，但生活過得很愜意，輕鬆。第六：同鄉會有一群人常於週末相聚，散步啦，跳民俗舞，聽座談會，郊郊遊，甚至露營。由於許多小孩已長大離開，比較清閒。大家年齡，背景，興趣也相近，所以，相聚時有說有笑，無憂無慮。

現在熱心勃勃的新會長陳慶榮兄剛上任，他已迫不及待列出一大堆活動日期表，對許多「空巢人」或思鄉情切或純粹想運動，交誼的同鄉是一大德政。就是對不歸屬上述的人，僅來看看同鄉過年晚會那些表演舞蹈者優美的舞姿及身材，在隊長素賢有板有眼的號令，吳道明，陳慶榮二位「驚某大王」的服服貼貼乖乖狀，謝祖榕，李宗敬的妙語如珠，笑得大家「目屎滴目屎流」，而劉燮堂甚至把一隻大牙笑掉，就值回票價了。「花開堪折直須折，莫待無花空折枝」趁我們還健壯，還不太老，又有同鄉在一起時，大家好好來享受人生的樂趣吧！

——原載於一九九七年五月（北卡台灣同鄉會）第一〇五期

從一包「美滋奶餅乾」說起

——敬悼 盧淑華

去年年底，醫生給我做尿道透視檢查，以決定是否有腎臟結石。檢查結果，很幸運沒問題，但回家後卻大量出血，拉放困難，胃口全失。每天除大量喝水外，其他食物一概不沾口。如此過兩三天，體力漸弱，我覺得不吃東西也不是辦法，於是下樓到食物存藏間找，可是東找西找就是找不到中意的。正想離開時，無意間看到電視機下有一包餅乾，拿來一看，原來是幾星期前盧叔華要送給我孫子的「美滋奶餅」。她說這種餅不但營養很高，很適合小孩。我不是小孩，但這種很合我的需要，所以後來三、四天我就全靠它來維生了。無巧不成書，四月二十三日教會歡送劉文海、陳幸子夫婦的會上，陳幸子也講了一包「美滋奶餅」的故事。她說最近回台奔父喪，好幾天沒吃東西。後來看到盧淑華送她的一包「美滋奶餅」就把它當飯吃，吃了五、六天。她講盧淑華最喜歡送人小禮物，幾乎教會的人，不論大小，不分男女都得過她送的東西。這些東西有時是小玩具，有時是小飾品，有時是小吃，可說五花十色的東西都有。陳春雄牧師在四月二十五日講道時更哽咽地說，從小就收到盧阿姨送給他不少小

禮物，現在他仍全部保存著。那天他也聽到盧阿姨逝世時，他就「睹故物思伊人而心欲碎了」。吳春梅也感嘆地說，她先生最喜歡吃大粒的花生米，盧淑華無意見聽到了，第二次見面時，就送他三大瓶又大又酥香的花生米。他要回台時寧可不帶其他東西，就非帶這三瓶不可。盧淑華可能家境富裕，但富裕不一定慷慨，或關懷別人。事實上，她本人極其節儉，她雖病重，家中並沒聘佣人或特別護士。她參加兒子婚禮所穿的衣服也是在廉價部徘徊好多次後才咬緊牙根，（慘，慘）買下來的，她好善樂施完全是基於對人類的愛心。

盧淑華的後半生可說在病苦中渡過，她的身體重要部位幾乎都經過割割切切縫縫補補無數的手術，這種痛苦折磨非身歷其境是無法體會的。僅舉最近的兩個例子來說，有一次她不慎跌倒在地上，她因硬皮症關係，身體僵硬無法自行站立。她打電話給范醫生（即她丈夫）卻找不到人，她衹好躺在地上痛哭了二小時。又有一次她露雙手給陳華玉看說，她的手腳因血液循環不良，以致漸漸變黑指甲也搖搖欲墜。醫生說如果情況繼續惡化，可能手腳都得踩掉。聽得陳玉華混身發抖，淚水如決堤之河。

盧淑華是位優秀的鋼琴手，教會的聖歌一向由她主彈。許多人陶醉、欣賞她彈出的美妙琴聲，但誰知這每個音符都是她忍著肉體的痛苦，絞著心血彈出的。有人不忍心勸她休息，她卻說這是她感謝神、讚美神，榮耀神最好的方法，她堅持要繼續彈，直到她的手腳不能動彈。又譬如她堅持要參加兒子在亞特蘭大的婚禮，而不顧生命的危險。她仰首挺胸來回走完禮堂紅毯，參加當晚婚宴。但一旦她完成任務，她得馬上坐在椅子上，由人抬上汽車。她沒

有被病魔打倒，而得到最後的勝利。試問世間有多少人能像她有不動搖的信念及堅強的意志？她不是纖女弱婦，而是堅強的偉大丈夫。

盧淑華還有一般人無法做到的特性，那就是如曾秀容所說的：她凡事感謝，讚美而不批評、埋怨。你幫教會做飯，她感謝你。你出來唱聖歌，她感謝你。你教主日學，她感謝你。你搬桌椅、端飯菜，她也感謝你。你從不曾聽過她講一句別人的壞話或向人訴怨的話。像她半生受痛苦的折磨，一般人可能就有訴不盡的怨恨及流不完的傷心淚。她不但不怨天尤人，反而給終向她的神呈獻最虔誠的感謝及讚美。記不得那位賢人講過的話：「口出甜言蜜語易，嘴不冒惡言傷人難」。聖經也說：「在我們百體中，舌頭是個罪惡的世界，能污穢全身，也能把生命的輪子點起來，並滿是從地獄裏點著的」。又說舌頭比各種動物更難制伏，是不止息的惡物，滿了害死人的毒氣（雅各書的…）。盧淑華是用舌頭感謝，讚美而不吐怨、詛咒是何等的高操，亮節，可做人類言行的典範。

四月十六日晚，我到殯儀館向盧淑華做最後瞻仰時發覺她躺在那裏是那麼安祥，那麼莊麗，沒有一點痛苦，憂愁。她剛從醫學院畢業的兒子 Billy 頻頻向瞻仰的人說：「請不要傷心，她所有的苦難都已解脫了。她已回到神的身邊，等待我們重聚的一天。」

人生沒有不散筵席，美好的過去我們只能緬懷，安樂的永生我們只能期待。但我們能把握現在去愛我們所要愛的人，去做我們應做的事，以充實人生，造福人群。

——原載於一九九九年五月《台訊》

一切都是愛

台灣特奧會來賓參觀 Murdoch Center 記

今年六月二十三日我帶領二十四位（其中十八位陪他們的子女或學生來 Raleigh 參加世界特殊奧運會的家長或校長，六位是本來自願當翻譯的如林富雄、蕭淑珍、郭光宏、張惠華、陳慶榮、及吳秀子。）去參觀 Murdoch Center。

Murdoch Center 位於 Butner 鎮，離 Durham 及 Raleigh 各約一、二十哩，是北卡州專爲照顧、訓練智力殘障的四大中心之一。目前住在那裡的居民絕大部分是 IQ（智商）35 以下，即生活起居無法照顧自己的人。當初把中心設立在那裡無可諱言是想把這類人隔離，讓一般人能『眼不見，心不煩』的過正常生活。這二十四位從未參觀過專門照顧、訓練嚴重智障的機構，在他們心中，這些機構雖不致於把居民綁起來，丟在暗無天日、污穢凌亂的惡劣環境，或許也好不到那裡去。但他們抵報 Murdoch Center 時，看到數十棟宏偉的紅磚房子，分佈在翠松綠茵環繞的幽美，寧靜環境，不禁睜大眼、大讚嘆。

Murdoch Center 派出七、八人員分組帶領我們去參觀居民住的以及學習活動的地方。中

午又招待我們午餐，並舉行座談會。下午二點才結束愉快難忘的行程。

我問許多臺灣來的來賓，他們參觀後的觀感，他們都異口同聲地說他們從來未見過智障者住那麼幽美，舒適的地方。一個龐大的房間僅住四個人，床俱、家俱全是最好的，又適合他們的體能。全部中央空調，陽光充足，明窗淨几。一天二十四小時皆有專人看顧，飲食都經過營養師調配過，每年都有定期的體檢。口齒不清、講話有困難的有 speech therapist，身體有障礙的有 physical therapist，謀業有困難的有 occupational therapist。甚至想學電腦的有專門爲智障設計的電腦室及電腦師。電腦大部分是由廠商捐獻的最新產品。要到外面或購物有專車並照顧得幾乎無微不至。比住在豪華旅館還舒服，何況全部免費（如符合貧窮條件或年滿十八歲），而最重要的是這裡的居民與工作人員似乎都很快樂滿足，一整天笑咪咪、很親切。他們很羨慕地說，美國眞是智障的天堂，臺灣在這方面還差一大截。

我告訴他們說美國有今天的成就，不是一天就做成的。不說一百多年前，僅說四、五十年前的美國人對智障者的態度也不比臺灣或其它地區好到那裏去。他們也常認爲有智障子女都是因爲作孽、是逃不了、還不完的債，是可恥的、是受報應的。直到近數十年，科學發達、人道精神高升、社會才逐漸認爲這類人是無辜的，是值得同情與幫助的。甘乃迪總統有一親屬是智障，他特別心憫而於一九六三年成立總統特別委員會並大力推動：『人道對待智障』。智障程度輕微的，經特殊訓練，讓他們回歸社會，過正常人的生活。智障嚴重而無法獨立、自己料理食衣住行的，則安置在有專人照顧的住所。二十年前，我在 Murdoch Center 工作

時，政府花費在每一個居民身上年約三萬美元。但今日每一個居民則要九萬美元。不過當年「居民」約有一千二百人，今日則僅六百名而已。

有人問：花那麼多錢照顧一個智障是值得嗎？問題是「人道精神」、「愛」是無法以金錢來衡量。而把錢轉給家屬，不但不能解決問題，恐怕要製造更多的問題。因爲有人可能會以此爲「生財之道」而製造更多的智障者，或把錢用到本身上，而置智障而不顧。有人反應說臺灣現行法律規定，智障者要到達三十二歲以後，家屬才能免除財務上的義務，而造成家屬長期精神及經濟上的負擔，比美國幾乎長了一倍。關於這點，大家都覺得應從教育及立法方面著手，讓廣大的社會認知智障的原由、需要。

在半天的相聚中，我發覺臺灣的來賓有三點讓我很感動。一、他們是守時的一群，一向被詬病的「臺灣時間」不在他們身上出現。老實說當我在旅館等待他們時，我眞沒把握他們會準時按計劃出發。因爲前天晚上他們才從紐約乘巴士下來，當晚又趕一場歡迎晚會，直到半夜才回抵旅館，何況他們又有時差問題。當八點三十分一到，他們全體出現在停車場，我鬆了一口大氣。二、他們是活力十足、樂觀進取的一群。他們沒老一輩的畏縮、不敢發問。在座談會上，他們的問題絕無冷場，而且主題把握的適切。三、他們體貼、親切。當Murdoch Center 的主任贈送與會每人一袋禮物時，我心裏捏一把冷汗，我們怎樣回贈。但馬上我發覺我是過慮的。因爲這些來賓馬上站起來拿出一大堆他們早已預備的錦旗、飾品，及其子女、學生的作品。一位接待的女士接過一把扇子非常激動的說：她從未見過這樣精巧而且是從地

球的另一端送來的，頓使整個場面充滿感動的氣氛。

這次來參加特殊奧運會的臺灣來賓有一個共同的感觸：「我們與這裏的人素昧平生，不相認識。但爲什麼他們對我們這麼熱心、體貼、關懷，眞讓我們感動的流下熱淚。」我們是從臺灣來的，這裏的同胞如此對待，或許稍可理解。但那些不是同胞的也如此對待我們，就不太清楚了。譬如說 Murdoch Center 上上下下都那麼親切地接待我們，甚至組隊到現場給我們子女加油。到底是什麼力量促成他們這樣做？有人說：「別問了，說起來太複雜了。簡單的說，那就是愛。只有愛，才不分種族，不分地域，不分男女老幼，完全無私的奉獻。把他帶回臺灣分給別人吧。」這眞是最適切的結語。

——原載一九九九年《台訊》

阿財兄　阿財嫂

阿財嫂：「這個禮拜台灣同鄉會要舉辦新年聯歡晚會，你去不去？」

阿財兄：「不去，沒時間！」

阿財嫂：「你是在『騙肖的？』你每天『閒仙仙』在家，不是看報紙，看電視，就是玩電腦，怎麼會沒時間？」

阿財兄：「是心情不好啦！」

阿財嫂：「股票虧本已幾乎是一年前的事了，怎麼還一直『思思念念』何況你有『狗屎運』，在股市崩盤前，王哥因老爸要動手術，向你週轉幾萬元，你不但把人罵得狗血噴頭，說什麼你虧錢借給他，要他付高利息，現在你應該高興，感謝他才是，因讓你沒全軍覆沒。你看你那些『buddy buddy』，不都輸得『土，土，土！』嗎？」

阿財兄：「股票的事我認命了，但王哥最近來信說，現在景氣不好，他要求延緩付款及降低利息，我看他要賴帳了！」

阿財嫂：「哎呀！能幫忙就儘量幫忙。想當年你來美留學的一切費用，都是他幫你籌的，

而且一借就是五六年，利息全免，你現在怎麼好意思落井下石？王哥實在也可憐，他把你借給他的錢全花光了，也救不活他老爸，現在生意清淡，又要付你的高利貸，我看你還是積功德，准許他吧！老實說，你十五%的利息簡直像 Credit Card 公司了！」

阿財兄：「妳眞是『婦人之仁』。只知其一不知其二，他如果在台灣標會借錢，他可能要付二十%~三十%利息哩！我對他已經夠『仁至義盡』了，何況我沒向他要抵押證哩！」

阿財嫂：「聖經說：『富人進天國，比駱駝穿針還難』，我看你比象穿針還難。」

阿財兄：「妳別只罵我，妳的同鄉會也沒比我好到那裡。什麼參加年會要繳二十五美元，簡直搶人！我不去！絕對不去！」

阿財嫂：「說了半天，原來你不去就是捨不得花二十五元，嘿！你這個『凍酸鬼』！你說同鄉會搶人，眞是狗咬呂洞賓不識好人心！讓我們來算算，一年的收入有多少，以六十家繳費來計算，頂多也只有一千五百元，何況其中有不少單身、學生、老人，其年費更少，而費用呢，租場地、買餐具、飲料、匹薩、炸雞、炒麵都要錢。請人來演講也不能每次免費，編印通訊錄、編台訊每次都得幾百元。要不是辦活動的人全是熱心義工，一毛錢沒拿，否則一千五百元那裡夠？你眞是『食米不知米價』。同鄉會是非營利機構，就算有剩錢，也都留下次用，不能像『送』主席，把幾億公家錢存入私人帳戶。我跟你生活那麼久，知道你很勤儉，『一錢打 24 結』要你繳錢參加同鄉會比登天還難！所以，幾天前我就先繳了。」

阿財兄：「What？妳沒我同意就繳錢，妳知道其中有一半是我的呢！」

阿財嫂：「放心，這次算請客，帳來下次扣好了。你現在還去不去？」

阿財兄：「當然去囉！既然已經繳了錢，不去白不去，不吃白不吃，聽說同鄉會的菜蠻有家鄉味，又有獎品、歌舞表演……」

阿財嫂：「廢話少說，你要去就趕得幫我?蝦皮，我要炒一大盤送去。」

阿財兄：「嘿！蝦不是不要錢的，我們才兩個人，怎麼炒那麼大盤？是不是妳要自己出錢？是不是扣一些下來，下星期一帶便當用。」

附註：

「阿財兄阿財嫂」是「台訊」創刊時最膾炙人口的對話集。

要做厝頭家　不做厝奴才

很少人真正了解這句台灣俗語的真諦，直到活到一大把年紀……

一九八〇年代，美國盛行一句有力的口號：「成功者下鄉住大房子」。美國是資本主義國家，她奉行的信念是消費愈大，經濟愈繁榮。怎樣鼓勵消費者呢？首先給你們一個大夢：鄉下風景多美麗，空氣多新鮮，空間多寬廣，環境多安全。接著給你們一些好處：把水電、公路設備帶到府上，給長期低息貸款，所付的利息又可減稅，簡直讓人無法抵抗。他們的做法是只要把你們送上座往下堆，其餘就水到渠成，就像坐滑水梯一樣，一滑下去就很難跳出了。理由非常簡單，你買了又大又新的房子，你總不會把窮學生時代的破鐵爛銅，五花十色的「雜牌軍」全部搬進來吧？不管你手頭緊不緊，你總會想盡辦法買一套又一套適合你的新居及身份的傢俱、器材、地毯、窗簾、衣服甚至汽車。這樣親友來訪時，臉上才有光彩。如此一來，你的開銷比預計還多。爲了彌補短缺，你或配偶可能得加班或打雙工。如此你們得早出晚歸，甚至連週末也不得輕鬆有空，因爲這是唯一的時間清理裏裏外外。如果你們有小

孩子上中文學校，或學鋼琴、小提琴、打球，那你們更有得忙了，更難有時間休息了。你們知道，人如長期緊張、疲勞，又沒良好溝通，人際關係就容易出問題。搞不好的話，恐父子離心，夫妻失和。最後夢想殘破了。

「輸人不輸陣」，我也順著潮流於一九八六年在Cary的南邊買佔地一畝，四千多呎的三層磚房。前有假山魚池，後有大陽台。承蒙不棄，常高朋滿座，非常風光。因家裏人手多，大家分工合作，整理家務庭院愉快、勝任。所以當時我們覺得很快樂滿足。可是，幾年後，小孩長大，成家立業離「巢」而去了，偌大的房子只剩下我們倆老。工作早出晚歸，回到家時已精疲力倦，既沒有心情享受房子，也沒有體力清理房子。好不容易等到週末，卻又一大堆俗務待理，於是家裏越來越混亂了。爲了「眼不見爲淨」有幾個房間乾脆就不進去了。我們曾聘人來整理家務，卻沒想到女傭居然把男朋友帶到我家來約會。草坪也請過幾個專家來處理，但其成果也不盡理想。既然聘人不成，一切得自己來，但自己卻忙又懶，弄得進退兩難，最後便成厝奴才。

有人說：「時代變了，新人類就再回歸過儉樸生活，回歸到眞實的自我，尋求心靈的單純」，換句話說，生活要爲自己，不是爲別人，不要爲博取別人的掌聲而勞心奔波，而應專心一致營造豐富的內心生活。最近有一本暢銷書叫：『生活簡單就是享受』，其第一步驟就是教人從鄉下搬回城市，把大房子換小房子。如此上班、購物、辦事皆迅速又方便，又不必太勞心勞力爲「房事」煩惱憂心。讓生活節奏慢下來，讓自己有更多的時間，更佳心情投入

自己喜愛的事，及多與親友親近。說是那麼簡單，做起來可不是那麼容易。首先就得學會「放」放開、放下、放棄。換句話說，要學習放開心胸接受改變；放下身段不要迷戀過去；放棄累贅無益的身外之物，求心靈的單純。

當然每個人的情況及感受都不一樣，不見得每個人都願意這樣做，不過，對我們倆老來說，這倒是一個新嘗試。愛迪生（Joseph Addison）說：「He who lives well，lives twice」（生活得法，猶渡二生）。我們願給自己一個機會。

附註：我們剛在Cary交通方便的中心地帶，找到設計高優（獲有專利權）、兩車庫、平階的小磚房。這個擁有一百多戶新設區，將有俱樂部、游泳池及環湖小徑。歡迎有緣人來做好厝邊。

——原載於二〇〇一年六月《台訊》

磐石

禍兮，福兮，談福蘭風災

強烈颶風 Fran 在九月五日登陸北卡，造成數十年來最大的災難。許多機關、學校、工廠、商店因無電無水，或交通阻塞，江河氾濫而關門。數百萬居民頓時陷入混亂、不安、不便。許多人好幾天無法洗澡，只能「乾洗」。三餐也只能找到什麼吃什麼，或擠快餐店解決，簡直是世界末日的來臨。但中文報紙把 Hurrican Fran 翻爲「福蘭颶風」，有人罵這種翻譯簡直是「凸肚短命」「幸災樂禍」，跟把 AIDS 翻成「愛死病」一樣缺德。

「我們眞要感謝「福蘭」的光臨，」一位婦女在記者訪問時興奮地說：「因爲它把我們多年來冷漠、疏遠的家庭，再度變成溫暖、親密。那天晚上當它降臨時，我們全家大小陷入極端恐怖的叫哮裏，在伸手不見五指的黑暗中摸索呼叫，直到摸到另一個人的手，然後緊緊地抱住，再懇切地禱告謝恩。我們很久沒如此心扣心緊靠過，我們都感到無限的溫馨、平安。從那晚後，我們每天睡前一定彼此擁抱禱告、再道晚安。」

A是位樂天派的窮小子，每天開一部除了喇叭不響，其餘皆響的老爺車上下班。他常開玩笑說如果有人撞了他這部老爺車，他一定很高興，並要謝謝他。由於他經常把此話掛在嘴邊，所以認識他的人遠遠見他的車子來，都趕緊閃一邊。偶爾跟在他車後，即使他很禮貌地要讓道，卻很少人敢超越他，恐怕萬一他來個緊急煞車而撞上他。他等了好幾年，就是等不到「敢死隊」。

正當他快從希望變成絕望時，突然「福蘭颶風」把他鄰居的大樹，不偏不倚吹倒在那部多彩多姿的老爺車的正中央。幾天後，他接到保險公司寄來的賠償支票。他笑嘻嘻地高舉那張支票說：「親愛的，終於等到妳！」

AB兩家原是好友兼鄰居，但幾年前因故吵架後，彼此賭氣不相往來。

九月五日「福蘭颶風」把一棵大樹吹倒在兩家車道上。A拿手鋸子，一聲不響吃力地鋸。B在另一頭拿著汽油鋸，想把它發動，但拉了半天，就是發不動。忽然間，A滿頭大汗地跑過來說：「讓我試試看。」不愧是學機械的，修理一下便轟然一聲發動了。A把鋸子遞還給B，一聲不響回原地繼續他的手鋸工作。B猶豫了一下，然後昂首走向A說：「讓我幫你鋸，這個比較快。」A一點頭退一邊，讓B鋸。B鋸一會兒後，A說：「你累了，休息一下，讓我來。」於是兩人開始輪鋸。兩家妻小見狀，也紛紛加入工作陣容。

當天完工時，A向B說：「你們回去清洗一下，晚上過來吃牛排。沒電，我們可用瓦斯

爐。」B欣然接受。當晚，兩家圍坐在火爐旁有說有笑，他們又恢復昔日親密合諧的情誼。

福蘭颶風過後，一群朋友相聚閒談。

一位信天道的老者說：「此次颶風，所有鄰居的樹倒下時，都撞損了房子。只有我家的樹是倒在籬笆上，房子一點也沒受損，眞是感謝天主的保佑。」

一信位佛的婦女合掌說：「阿彌陀佛，我家四周沒樹，所以房子一點也沒受損。眞感謝佛陀的保佑，使我們清心寡慾買了這樣的房子。」

一位信基督的年輕人舉目仰天說：「感謝主，我們有愛，但沒有錢買房子。這次風災中，不必爲房子擔心掛慮。」

一位什麼教都不信的胖男人，倒在沙發上懶洋洋地：「你們不要叫，讓我安靜睡覺。」

一對年輕夫婦在颶風後，回去工作的第一天便宣佈要辭職，並打算要養兒育女了。同事很驚訝地問爲什麼？他們說自結婚以來，爲了要付房屋貸款，兩人都打兩個工。平時生活總是匆匆忙忙，一點都不像新婚夫婦。這次福蘭颶風一下子把他們多年經營的新房子毀掉了，他們感到命運是那麼無常，生命是那麼空虛。經過幾天的思考，他們決定放棄大房子，改換負擔較輕的房子。他們要多花一點時間去關愛對方，並爲第二代而準備。在那個沒有燈光的夜晚，他們就努力去實現他們的願望。

人生的旅途上，難免都有些痛苦災難，只是有些人較少，另一些人較多而已。既然沒人能完全逃過痛苦災難，那麼，如何減少痛苦災難，甚至化解痛苦災難爲快樂幸福，則是人生一大學問及修養。

同樣是遭受福蘭颶風的肆虐，有人哎聲嘆氣，有人感恩得福。

所以，痛苦災難不全然是負面，可悲。

最重要是我們如何去看它，應用它。

——原載一九七七年元月二十一日「磐石」台福季刊

生命的強者

幾乎每位新來訪的客人在巡視屋裡屋外後，都會向主人問一句同樣的話：「你的車道好好的，怎麼中間長出一大團草？」主人聞言，總是笑嘻嘻告訴他們一個動人的故事。他說：「幾年前，我剛搬進這新屋不久，便發現新車道的狹縫裡長出一顆幼草。我怕它將來妨礙觀瞻，俯身把它拔掉。過了幾天，原來的狹縫又有一顆幼苗探出頭來，我毫不遲疑把它拔掉。又過了幾天，新的幼苗又露出頭來，於是，我又把它的頭砍下來。如此幾次來回，不但拔不盡，反而越長越多。我一氣之下，便用鐵鏟想把它的根挖掉。可能狹縫太窄，挖得不夠深不久新苗又長出來。這下把我氣得瞪眼睛吹鬍子，立即去買了一瓶除草劑，狠狠把它灑下去。但說也奇怪，除了短時間變成枯黃萎靡外，它仍然生氣蓬勃。後來我才知道，每次我灑了除草劑，當天就下雨。有一次我特別揀個大晴天才灑下除草劑，但可能它命不該絕，我一轉身，便有人在車道頂端洗車子，沖下不少水。」

朋友往往聽到這裡就問：「是不是鬥不過，從此歇兵？」主人故弄玄虛地說：「僅猜對三分之一，還有兩個原因。第一個原因是我與這把草鬥得起勁時，我的工作也正逢到困難。

原來我在單位裡學位最高，薪俸也最高。但可能是剛畢業，沒工作經驗，又加上膚色不同，言語不太順暢，我一直感覺被排擠，被歧視。我感到非常苦惱，有時眞恨不得離職他去。我常禱告神助我一臂之力，早日脫離困境。但我的禱告卻像『肉包子打狗，一去不回』。有一天，我在庭院散步，看到這堆草，忽然觸動我的心靈，覺得我的處境很像這堆雜草，都是受害者。不同的是，它似乎越戰越勇，而我卻越挫越弱。我應該效法它那種百折不撓的精神。自從那天與它產生惺惺相惜之心後，我常去看它，關心它。說也奇怪，幾乎從那時開始，我的工作也漸入佳境。人們開始信任我，靠近我，甚至欽佩我。」

「那麼，第三個原因是什麼呢？」朋友聽得起勁地問。主人笑著說：「說來或許您不相信，它曾經救過兩條生命哩！」「哇！」朋友異口同聲地叫起來，「救了兩條命？」主人點頭說：「沒錯，一條是我的，另一條是朋友的小孩。有一天下雪，溫度驟降，地面結成冰。我沿著車道走向信箱去拿報紙。車道很陡，我一不小心，腳跟忽然滑溜，全身重量往後傾倒。我暗叫一聲，準備要四腳朝天了。忽然腳跟被擋住，不但沒繼續滑下去，反而奇蹟似地站起來。驚魂甫定後，往下一看是何「阿堵物」，原來就是那堆草。我這把年紀是經不起滑倒的，尤其是在冰上滑倒，恐怕不是骨折便是腦震盪。至於另外一件，是朋友來訪時，大家在外面聊天。不知何故，停留在車道頂端的「奶母車」忽然自動往下溜。車上睡有剛出世不久的嬰兒。等我們發現它滑動時，它正加速往下衝。我們一面驚叫，一面在後猛追。眼看似乎來不及抓住往下衝的「奶母車」了，刹時，「奶母車」在中途頓了一下，朋友眼明手快，趁機箭

步一上，把車抓住。經過短暫的掙扎後，終於把車停下來。就在這時，一部車子正急速在車道末端開過去。大家幾乎嚇呆了。接著一陣拍手叫好。大家說，如果奶母車沒被那堆草一頓而繼續往下衝時，不是被剛駛過的汽車撞上，就是衝過馬路掉進山谷裡去了。」

朋友聽完這個故事後，總是好奇地再到車道上俯身端詳那堆神奇的草。主人說：「我每天早晚出入都經過它，看到它。它目送我，歡迎我。我們雖屬不同的靈界，但靈犀相通，我們成了莫逆之交。」

草是求生力、繁殖力最強旺，但也最受誤解、歧視的植物。它耐熱耐冷，不怕踐踏，不怕截剪。把它踐踏到體無完膚，面目全非，但二十天後又是「好漢」一個。一把野火把它燒成灰，但春風一吹又生了。只要不傷害到它的根，它的生命是非常強韌的。這些特性使它隨地生存，因而遍佈於全世界。它對生態環境，水土保養，草食動物有無限的貢獻及影響。沒有它，整個世界都將會改觀。

儘管它的貢獻那麼傑出，又「任勞任怨」，非常「謙卑」，它並沒有得到世人應有的感激和欽佩。尤其在中國和台灣，它受到「肉體」及「精神」的摧殘及誣蔑。他們把笨拙無用的人叫「草包」；做強盜叫「落草」；混沌初開叫「草昧」；粗疏不細緻叫「草率」；把人命看得很輕賤叫「草菅人命」；投機份子叫「牆頭草」。就像碰到不共戴天的仇人一般，看到草就鋤，鋤不夠還規定學校勞動服務特別要鋤草。把地鋤得光光，以致雨天則地面泥濘不堪；風吹時，則滿天灰塵。它到底犯了什麼滔天大罪，以致被趕盡殺絕？或只因它長得低矮，

平淡無奇、軟弱，就注定要受欺負？人們難道只注重外表？看呀！颶風Fran肆虐時，那些看來高大雄偉的樹紛紛倒在綠草的懷裡。誰是強者？看呀！科羅拉多州的大火把一大片山林燒成焦土，是誰最先從焦土露出勝利的笑容？

或許它根本不在乎世人的好惡獎貶，它最重要的是如何把上帝賜給它的生命延續，發揚光大直到永遠。

「人若賺得全世界，賠上自己的生命，有什麼益處呢？」原來它瞭解聖經的話比人類還透徹哩！

生命的機緣

去年中國大陸及台灣發生三件聳人聽聞的命案：

有一位從鄉下來到廣州謀職的少女吳素華，和兩個朋友提著大小行李在廣州市中心街頭奮力行走時，一名計程車司機表示要幫忙，把吳拉進他的車內。吳女抵抗，司機勃然大怒，打她耳光，並對她拳打腳踢好幾次。當時上午十一點，有六十多名路人圍過來看熱鬧，對吳女的求救聲置若罔聞。當吳女不支倒地後，司機仍對她猛踢。她的兩個朋友向群衆求救，但他們都無動於衷。吳女被打得失去知覺後，群衆還在看。兩個朋友央求他們幫忙叫救護車，群衆仍是毫無反應。吳女最後傷重而死。

有一位在福建省南安地方的年輕女子，因與婆婆不和，憤而投江。大家七嘴八舌，比手劃腳，非常熱鬧，就是沒一個人伸手投身去救援。大家袖手旁觀，看那婦女在水中載浮載沉地掙扎，直到她力竭滅頂。

有一聯結車駕駛員違規加掛拖車，行駛台北市區。在他變換車道時，車體右後輪壓傷古姓女機車騎士的腳掌，經路人喊叫制止。該駕駛員在路人正要上前搭救之際，竟再啓動聯結

車，前進倒退兩次，致將古女整個人捲進車輪致死。

（註：聽說在台灣有個傳統，汽車壓死人比壓傷人的賠償要低，麻煩也較少。因此許多司機闖禍後，乾脆一不做二不休，把人壓死算了，免得留活口喋喋不休，糾纏不止。此司機是否有此心態不得而知，因報上沒交待。）

宋朝大文學家蘇東坡，有一天和章惇一起去爬終南山。到了仙遊潭，逢到深淵急流，上面只有一條橫木架橋。蘇東坡站在橋邊，混身發緊不敢走過去。章惇一面譏笑蘇東坡膽小，一面神色怡然地走上那條獨木，並上下搖盪，驚險萬分，好像根本不把自己的生命放在眼裡。蘇向章說：「你將來一定會殺人。」章問：「何以見得？」蘇回答：「一個不珍惜自己生命的人，也一定不會珍惜別人的生命。」章惇後來作了大官，無惡不做，財色均貪，並造成無數冤獄，殺了不少人，成了宋史上的大奸臣。中國政治誅連九族的殺人手段就是由他創立開始。

禪家說：「生命是億萬年才開一次的花朵。」

禪家又說：「人的生命是經千百世才修得的善果。」

聖經說：「我要稱謝，因我受造，奇妙可畏。」「人是上帝照祂自己的形象創造的。而且是上帝將生氣吹在他鼻孔裡，他才成爲有靈的活人。」所以人的生命是特別珍貴，特別尊

嚴的。

無論如何，生命得來非常不易，千萬不能糟踏。必須極度珍惜，時時把握生命的眞諦，並求正確的永生之道，才不致辜負千載難逢的生命機緣。

生命的火花

一件在年輕時發生的事，雖經歷三十多年了，仍然銘骨難忘，記憶猶新。

那是在中學時代的一個夏天晚上，我在書房裡，突聞一陣陣非常沁人心腑的清香。我尋著香味走到庭院，發覺五、六株纖纖剔透、晶麗、潔白的花瓣，正在黑夜裡舒展盛開。我從未見過那樣高雅秀麗的花，興奮得大叫，招來家人朋友觀賞。他們看了也很讚嘆。有人說：「這是曇花，是人間最美的花。可惜，她只開數個小時而已，在天亮前便會凋萎。」既然她會「見光死」，那麼不讓她見到陽光，不就可活久一些？於是我們把她搬進屋裡，拉起窗簾，並把電燈關掉。第二天，一大清早我們開門進去看，卻發現原來玲瓏挺玉的花朵，現在卻個個垂頭喪氣，軟趴趴地掛在枝幹上。我看了非常傷心、痛苦。此後好幾年，我不敢再去看曇花開，因爲「見其生，不忍見其死」，免得見景傷情。此種心境一直持續到我看了一場精彩的火燄表演（firework）後才頓悟，改變過來。

火燄在黑暗中才顯得更豔麗。絕妙無瑕的美，常像流星那樣一閃而逝。

最刻骨難忘的回憶，常含有幾份無可奈何的遺憾。

今年四月間，台福教會的黃牧師娘和吳琤琤姊帶我去探訪素昧平生的楊淑琴。在路上，她們簡略地告訴我楊姊妹的概況。她二十九歲時得了乳癌，在過去十年的抗癌生涯，她爬過崎嶇的崇山峻嶺，走過死蔭的幽谷，贏得世人的驚奇和讚嘆。但這次醫生宣佈不再爲她醫療，因爲癌細胞已經深入組織，她的肝臟腫脹比一般人大四倍，他們已無能爲力了。所以，我未見到她之前，想像她一定是面黃肌瘦，腳軟手軟，奄奄一息了。沒想到我見到她時，她躺在沙發上有說有笑，講話時中氣十足，不喘不咳，氣色不變。談到癌，她不悲也不恨。談到死，她不愛也不懼。她笑著說：「無論是生是死，我都是贏者。因爲如果我不死，可以繼續享受天倫之樂，欣賞自然之美，做自己喜歡的事。但如果不幸死了，我可以永生永世與神同住在天堂。所以，我只把握著今天，不去爲明天憂慮。」

楊淑琴姊在病痛百般折磨下，與丈夫和母親合寫一本《患難情深——向癌宣戰》，並於去年出版。它雖僅是一、二百頁，卻是他們三人用生命寫出來的。它所流露的愛心、智慧、幽默、喜樂、堅定、及信心，絕不遜於任何名家、智者。尤其它表達人性的眞情及對生命的熱愛，更令人讀了熱淚滿眶。

楊淑琴姊長得瘦瘦小小，非常端莊文雅。乍見之下，以爲一陣強風便可把她颳走。但從她過去十年與癌魔爭戰時的不卑不亢，無怨無懼的堅毅精神看來，她是十足的巨人。爲了要骨髓移植，她身上掛著許多管子及馬達。這些管子及馬達如影隨形到處跟著她。她咬緊牙根

與它們周旋，終於一個一個把它們解決掉。因化學治療，她所有烏亮的髮絲全掉光，她全家大小三代以同戴「印度帽」，使她不覺得孤單寡陋。因免疫力低，體力弱，她有許多東西不能吃，許多事情不能做。但她總以高超的智慧及無比的耐心去「尋幽探勝」，另闢捷徑，而達「魔高一尺，道高一丈」的境界。她每天受癌魔的折磨，不但不怨天尤人，反而每天寫日記，爲美事、美食、美景、美意而感恩。爲感恩，她把所有的心血凝結而成一本書，讓世人分享她生命的火花。

楊淑琴姊說：「我是因爲得癌，才得認識主耶穌。」「因爲有神同在，苦難才變成祝福。」又說：「生命的眞諦不在它的長短，而在它的內容。但有沒有內容，決定我們是否認識這位生命的主。」從這個角度看，楊淑琴姊的生命是豐盛的——雖然有幾許傷感的遺憾。

我成「公」了！

再過二個月，我的外孫 Chase 就要滿四歲了。此刻他躺在客廳的沙發上午睡，我俯身端視他，看他清秀、白裡透紅、天眞無邪的小臉，長長的睫毛，挺直的鼻樑，眞是可愛極了。許多人見到他時都說他比女孩子還漂亮可愛。有些人甚至開玩笑說，將來不知有多少女孩子爲他傾倒。他是集中西優點的大成，難怪許多人一見到他就想抱他、親他。可惜，他生性害羞，常常把頭埋在父母的臂彎裡。要親近他的人，必須要有耐心，等與他熟悉了才能得逞。

在 Chase 出生前，我剛把所有的生意結束，暫時退休，而女婿尙在研究所唸書，全家暫時與我們同住，所以，Chase 與我們相處的時間很多。我常拿著錄影機、照相機跟著他。從他出生的醫院開始、到滿月、七坐八爬九發牙、搖搖學步、牙牙學語，不論是躺、坐、立、走、跑、哭、笑統統有他的鏡頭。這些影片都將成爲回憶的珍貴記錄。有人開玩笑說：「如果他將來成爲一個偉人，這些記錄可價值連城了，因爲一個人偉大了，就是放尿拉屎都是一級棒。」但我覺得如果一個人心裡有愛，什麼都變成美麗、可愛了。

Chase 從小就勤勞，舉凡打掃、洗車、鋪床、信箱拿信和報紙、收碗筷等，只要他看到

別人做，他就想參與一份。今年春，他爸爸在庭院工作，他拿著一架玩具除草機，他爸爸轉東，他就轉東；他爸爸向後轉，他就向後轉。他做這些動作時，是「駛目尾」做的，根本沒抬起頭。我們看他被太陽曬的紅紅的，滿頭大汗，要他過來休息，他卻一副大人模樣的口氣說：「我現在正在工作。」

看小孩成長是人生的一大樂趣及恩賜，尤其是看小孩剛學會講話的那段時期，因爲那是最天眞無邪，百無禁忌的時候。記得二十多年前，我已來美國，而妻小暫在娘家。有一天，岳父的朋友來訪並送一籃芭樂。我兒子等客人離開後，發現有幾個芭樂熟爛了。幾天後，那位朋友又來訪岳父，在他們談話間，我兒子跑到客人面前一臉正經地說：「阿伯，您送來的芭樂是爛的。」不知客人是聽不懂或裝傻，不理睬他。我兒子卻不甘罷休，一再重覆那句話，直到客人很不好意思地說：「眞失禮，下次我再帶好的來。」

現在 Chase 剛好是當年我離台時兒子的年齡，上帝很仁慈讓我有機會再重拾當年失去的時光。下列是信手拈來幾件有趣的事：

每次我開車載 Chase 出去時，他總坐在我的後邊當指揮官，叫我什麼時候轉，什麼時候停，並且要雙手駕駛。別看他年紀小，我如轉錯方向，他馬上知道。他到底怎麼認路的，我則「莫宰羊」。還有，他坐在我後面，看我頭頂光禿，常向阿媽說，以後不要再剪阿公的頭髮。起先，我們不知他講的含意，直到有一天，他看見阿媽替我理髮，才很嚴肅跑去跟阿媽說：「不要把阿公的頭髮剪得太短。」原來他以爲我的禿頭是他阿媽把我剪成的。

自從Chase全家搬去Garner的新居後，偶而我們把他接回家過夜，他最喜歡睡在阿公阿媽中間。他媽媽知道後，叫他不要再這樣，叫他就睡床邊的地毯上。他心有不甘，但又不敢違背母親的命令，就跑來問我要怎麼辦？我說我們三人輪流睡地毯上，並問他誰是第一個睡地毯？他不回答，只一直看著我們。我知道他從沒睡地毯過，恐怕會不習慣，就自動志願先睡地毯，他聽到馬上走過來拍我肩膀說：「阿公，不要怕，這裡沒有monster（鬼），我們還睡你旁邊哩！」

有一次，我們到一家餐館吃早餐，當妻及我把食物快遞到口時，突然Chase大叫一聲：「Wait！」我們不知是發生什麼事，一時愣住。他說：「Pray First.」然後他以快似閃電的速度，低聲說：「Thank you，God. Amen.」我們如釋重擔，再把食物拿起來吃，Chase卻在旁邊咯咯發笑。

七月底，岳母及小姨子全家來訪。臨走他們決定提早給妻一個驚奇的生日會，大家有默契地暗中籌備。那晚妻及我回家，Chase一見馬上把他阿媽拉到旁邊，很神祕地說：「阿媽，我告訴妳一個祕密，今晚大家要給妳一個驚奇的生日會，冰蛋糕藏在冰櫃裡，請不要告訴其他人。」他那種誠摯、天眞的樣子，實在可愛極了。等大家唱生日歌，唱到Happy Birthday to，他特別大聲唱to阿媽，然後張開大眼睛，很奇怪爲什麼只有他唱阿媽，而他弟弟尙不會叫阿媽。他似懂似不懂地點頭，他大概以爲阿媽是名字吧！

Chase最喜歡汽車、火車。除了在家玩各式各樣的玩具車外，他喜歡到外面看實際奔跑

的汽車、火車。一、二年前他住在 Southern Pine 時，晚上常要求他爸爸帶去附近的火車站看火車緩緩地駛過。自從搬回 Raleigh 後，少去看火車，但喜歡到 Crabtree Mall 的 Great Train Store 看玩具火車。每次到那邊時，總有一大堆小孩圍著玩。我們一句話也沒說，就看到 Chase 自動地、安靜地排起隊來。他不插隊，也不亂吵，輪到他時，他就很溫和地把軌道上的火車重新排列組合。遇有他喜歡，但別的小孩正在玩時，他就很耐心地等他玩完，才把火車接過來。有時候，別的小孩很粗魯，搶他的玩具，或擠進他進行中的軌道時，他總是靜靜地看著他們，甚至就讓手給他們。我不知他這種溫和、有禮、守秩序的習慣是他天生的本性或他得自良好的生活環境？但有一點我很確定的是，我從來沒有見過他父母對他色厲言疾，粗暴惡評。他們總是以溫柔、堅定、讚美來教導他。他們並不執意他將來要成爲什麼，他們認爲那是上帝的旨意，他們只是在地上盡爲人父母的職份而已。有一次，我好奇地問 Chase，他將來要做什麼？他說要當警察。我問他爲什麼，他說他要幫助那些get hurt（受傷害）的人，但他現在不能做，因爲他仍很小。我聽了非常感動，他一顆小小的心是那麼良善，富同情心。

二、三年前，有一天在台福教會遇到吳基發兄他向我道喜說：「你成功了。」我一時丈二金剛摸不著頭，因我已暫時退休，還有什麼成功可言？吳兄笑著說：「你有孫子了，你就是成『公』了。」我眞的成公？我平生有個願望，希望所有世上的人都能喜喜樂樂，和和氣氣，正正當當，平平安安過一生。當我的孫子穩穩當當踏上這條路時，或許我才眞正成「公」了。

蔡茂堂牧師也是醫師的故事

聽過蔡茂堂牧師也是醫師演講的，大多有同感＝即他有豐富的學識，踏實的人生經歷。善分析、好幽默，語中「莊腳草地」的俗語，及江湖術語層出不窮。他是怎樣的一個人，他的背景如何，就像他精彩的演講，成爲興趣探討的話題。

筆者特地爲此，在他 Caswell Beach 靈修會三日演講的空隙，承他的慨允在來往 Myrtle Beach 的途中，一面開車，一面訪問他。我沒事先擬定題目，他也沒有打草稿回答。一切很輕鬆、自然。我不是要替他寫傳記，祇是想稍瞭解他而已。所以沒記筆記或錄音，如有謬誤，可能是筆者患有「老人癡呆症」記錯了，或可能「臭耳人」聽錯了，請原諒！

窮困、灰黑的童年：

一九四九年蔣介石帶領六百萬軍民從大陸「駐進」台灣之際，上帝也把蔡茂堂帶到台灣的人間。蔡茂堂沒像耶穌出生在馬槽，他卻生在彰化番社一小王爺間的廟邊。他雖沒羅馬兵追殺的威脅，蔣家的軍隊也沒有要抓他，他卻有「生存競爭」的苦難。他雖是他母親的頭胎兒，卻是他父親的第十二個兒子。因他母親是做人「後巢」的。他父親雖「努力打拚」但沒

固定的收入，常常搞得全家「有一餐，沒二頓」，而且幾乎每餐都是高麗菜拌粥、拌豬油。由於「生者寡，食者衆」他母親每天總是戰戰兢兢在「衆前人子」的虎視眈眈下「儉腸捏肚」像小偷一樣設法煮食物給他吃。但因實在太窮了，「巧婦難爲無米之炊」，蔡茂堂總是餓得「三比八」、面黃肌瘦，幾乎一陣風就可能把他吹走。他母親因長年與「前人子」抗爭，精神幾乎崩潰。今年雖八十多歲，又住「洛山磯」，她仍時時刻刻擔心她的「前人子」會從台灣來找她算帳或殺她。

貧窮雖然使蔡茂堂常吃不飽，肚子餓，但最使他傷心，無法忍受卻是下列二件事。第一件事發生在高中，那時他的學校成績是全年級第一名，彰化中學每年有一名保送台大。衹要繼續努力，不出意外，他一定會獲得保送。但偏偏「中途殺出程咬金」來，有一年體育成績竟衹得五十九分，他簡直嚇壞了，因爲體育不及格就意味他的保送報銷了。他自認體育不強，總不致於不及格，其中一定有原因。後來有一位老師告訴他：是班上的第二名，家裏有錢買通了體育老師。他非常傷心，又非常無奈。

衹好每天下課後，留校運動一小時，希望以勤補拙。他這樣力拚一、二年，結果証明他的憂慮是多餘的。因等他要升大學那年，教育部廢除了保送制度，他參加聯考，以第四名考進台大醫科。而那位第二名卻名落孫山。他雖白忙、煩惱了一陣子，卻因此鍛練出強壯的體魄，眞是「失之東隅，收之桑榆」。

第二件是家窮繳不起一個月台幣十五元的炊飯費，迫使他父親每天爲他及弟妹送午飯。

他騎著腳踏車帶著三個便當，風雨無阻來往彰中，彰女。有一天他被一部載木材的貨車從後面勾倒而跌斷腿。不但從此午飯中斷，連自己的飯碗也丟了，眞是禍不單行。這時教會正在興建，需有錢出錢，有力出力。他父親出不了錢，祗好出力。他每天一拐一拐走到工地監工，早出晚歸，非常認眞，心想教會建成時，無功勞也苦勞，但不幸連苦勞也撈不到。因有人傳播謠言他那麼窮又沒收入，生活費怎麼來的？他腿斷不休息卻來監工，一定是暗中把建材偷賣了，飽了私囊。蔡茂堂聽到這謠言所受的心理創傷比刀割他的肉還要嚴重，是一生不可忘的恥辱。

他的童年雖然灰暗一片，卻非全無陽光。一年幾次的廟前「搬戲」的時候，他就整天笑嘻嘻，快樂無比。一則這是免費的，一則他一翻牆就上廟頂，他居高臨下看得比誰都清楚。再則，他常自我幻想爲劇中人，歡樂而忘了人間的不幸、窮苦。他演講中常夾帶許多「莊腳人」的話及江湖術語，就是從這裏學來的。

人生的轉捩點：

蔡茂堂雖出身基督教家庭，也常去教會，但小時候他對基督教不是那麼瞭解，也不是那麼投入。相反他常覺得神對他有「偏惡」而使他受到許多苦果及不平的待遇。他覺得世間似乎充滿了自私、邪惡，而缺少公義、慈愛。他這種感受，隨著年齡的增長而越發難忍。他的忍受極限終於在高二因一件芝麻小事與弟弟爭執時而爆發不可收拾。他覺得人生太苦了，不值得再活下去。他瘋狂地跑到廚房找菜刀，準備把弟、妹及母親殺掉，再自殺。他機警的母

親趁他未找到菜刀前，趕快把門反鎖起來。蔡茂堂跑不出去，憤而把菜刀不停地砍在門板上，直到刀鈍了，然後精疲力倦坐在地上嚎啕大哭二、三小時，把歷年心中委屈苦悶，憤怒全部發洩出來。等他冷靜下來，恢復理智後，他才發覺剛才一陣瘋狂幾乎闖下滅門血案。如果不是有神蹟出現，他現已不在人世間了。他開始懺悔，向神禱告求神赦免。從那時起，他開始寫日記把讀聽經的心得寫下，數十年不輟。那時他很窮沒錢買筆記本，他就把葯廠送的日曆找空隙寫。正面寫完了，再翻反面寫。如今他已把聖經從頭到尾讀了二十六次（這點跟大企業家王永慶早年的情形相似。可見台灣人的勤儉精神是相通的）他讀越多，對神的認識越深，對神的信仰也越大，對神的敬愛也越執著。到最後他終於放棄「講話少，賺錢多」的醫師行業，轉為「講話多，賺錢少」的牧師神職，把財富存到天國。

影響深而景仰的人：

上面談過蔡茂堂小時因貧窮而餓得「三比八」，營養不良。可能因太可憐了，感動了天父特地派一位善士來解救他。這位善士不但每年定期送錢到府接濟他，而且每二星期由他太太「辦桌」邀請十多位清寒學生到他「寒舍」營養補給。條件是每個人都得講英語，否則得站著吃。蔡茂堂雖覺得站著吃可吃多一點，但坐著吃「近水樓台先得月」可揀到好的菜吃。因此他努力講英語，這使他日後來美時考托福佔了不少便宜。

這位善士不是住在陽明山別墅裏「民族救星」蔣公，而是萬里迢迢渡海而來的「紅毛番」——前彰化基督教醫院院長藍大衛（David Landsborough）他不是開豪華的朋馳車，而是

騎著腳踏車到處家庭訪問。因爲他不是領醫生的薪，而是拿少得可憐的牧師的薪。蔡茂堂放棄行醫而改行牧師，他的演講常條理分析，小心求証，可能多多少少受到他所敬仰的恩人的影響。

在幾小時的車訪中，蔡牧師也簡略提到他「神恩滿溢」的大學生活及哀怨曲折的結婚經過，非常精彩、動人。可惜，因篇幅有限而他也在演講中講過，因此不再重提。綜觀，他有科學的素養及宗教信念，他的人生是豐盛多采，他動人的故事還多得很哩！讓我們等待他下一次再講故事吧！

時事評論　不平則鳴

也談扁宋會

另類思考

扁宋簽訂「十條和議書」，震動海內外所有關切台灣前途命運的人。有人認爲阿扁終於「浪子回頭」而給予掌聲。有人則認爲阿扁「台灣之子」竟然勃逆「台灣母親」之本意而大加伐撻。還有人站在高樓上看「兩馬相踢」而竊竊自喜。更有人懷疑阿扁在行「騙」，「送楚「魚」在「粧愚」裝好人都是在「做戲」給人看，等戲散了便各恢復原狀。最後，還有自家自評；橘營說：「我們勝利了，因『如魚得水』（楚瑜：魚。水扁：水）」綠營則掩鼻嗆聲說：「這簡直是『便所會』（台語發音）臭死人。」總之，人人隨立場，心思之不同，而反應各異。

我與扁宋皆不相識，也無私人恩怨，我也不是政論家，更不是政客，我只是關切台灣前途命運的台灣人。我極不願看到這條「台灣之船」因船上之人亂糟糟而迷失方向，或亂搞而沉船。特地在此提出另類思考讓大家靜心細想，再做出最正確的判斷。茲舉三個例子說明：

其一　是「顏回攫甑」的故事。有一次，孔子及弟子被困在陳蔡兩國之間，七天未進粒

米，孔子又餓又無聊，只好白天也睡午覺。這天，顏回從外募些米來，並起火燒煮。飯快熟時，孔子醒過來，並瞥見顏回伸手抓起一把飯往口送。孔子見這不敬之舉，假裝說：「我剛才夢見先父，是否可弄一些潔淨的飯來祭拜。」顏回說：「不可以，因爲剛才有煙灰掉進飯裡，我用手想把煙灰抓掉，卻覺得把飯連帶丟掉不孤，因此我吃了些。」孔子嘆曰：「所信者目也，而目猶不可信。所恃者心也，而心猶不足恃。弟子記之：「知人固不易矣」」。意思說：「眼睛是可信賴的。我明明看到你偷吃飯，可是，如果你不說明，我可要著怪你了。我一直信賴我的判斷，但有時還會誤判呀！」同學們要記住：「要瞭解一個人，本來就是不容易呀！」

其二　四五年前，我們北卡台福教會到聞名的大煙山做二日遊，回程時，有人建議走一三二公路可省許多路。經大家同意後，由最可敬又最可信的黃國義牧師駕駛。車行一陣後，卻發現路越來越窄越彎，好像要走進絕路。因天色越來越暗，人心開始浮燥不安，坐在最後排的人首先發難：「怎麼車子搖來搖去？我們快暈快吐了。」接著有人說：「地址有沒有看錯呀？要不要走回頭？」「牧師，你累不累？要不要換人開？」甚至有人要牧師停下來禱告，搞得全車人心惶惶。

其三　我認識二個家庭，原本都很圓滿快樂，但在一場爭吵中，父親講出重話，結果一家父女，一家父子，從此不相往來，已超過十年了。

另類的思考是：

假如阿扁是顏回，你是孔子，那麼，你該如何對待顏回？顏回會如何反應？

假如阿扁是大巴士的司機，但不是載同教會的人，而是一大群不同族類，身分，年齡，性別，行業，思想的人，他們都想到不同的地點，你是其中一名乘客，請問你要如何做，才能讓司機按你的路線走，而不致鬧翻，出錯，或翻車。

假如阿扁是子女，而你是父母，當你們意見不合，你們應怎麼做，才能讓家庭和諧，不致破裂？

當你經過上述思緒後，做出決定了，那麼，就去做你要做的，因那是你的信念，你的信仰，也是你的權利。

奇怪的心態

每年七月初，美東南台灣同鄉夏令會，爲招徠同鄉，照例從台灣邀請名人或名嘴來「壓陣」。今年因嚇死人的SARS的關係，許多主講者無法前來。據說世界台灣同鄉會會長郭重國費了九牛二虎之力才邀請到從中國投奔到台灣，並宣稱自己是台灣人的阮銘教授。他是三位主講人第一位上台，可見大會對他的重視，他的題目是：「台灣國家認同二〇〇四年大選」，老實講，他的論點早在他人的親台報章雜誌上見過了，沒什麼大新奇，但他最後高舉手臂大聲疾呼，台美人明年三月回去投阿扁一票，卻掀起熱烈反應及掌聲。餘意未盡，在當天下午的討論會上，有人特地再對他的「促獨反統」立場表示尊敬及感謝。他那天似乎不是講得最好，但他的掌聲最多。

最近在「太平洋時報」有篇「全盟洛杉磯地區支盟年會七百人與會」的報導。全篇以約三分之二的篇幅介紹此次大會專題演講者：黑龍江人，曹長青及其主題「反共、親美，支持台灣」。文中指出曹長青妙語如珠，甚受在場人士的歡迎，演講屢次被聽衆掌聲打斷，結束時，全場起立鼓掌致意許久。他的演講最打動聽衆的，大概是「中華人民共和國」七字都是

謊言，因爲北京政權不代表中華也不爲人民，既共和，更不是一個國家，只是一個「流氓」。

去年美東南台灣同鄉夏令會在佛州舉行，有一位自稱爲「半仙仔」的東吳大學教授，以幽默、詼諧的口氣數落歪哥、不四鬼的唐山人而贏得最熱烈的掌聲。同時亦有位非常傑出台籍名嘴，但這位「半仙仔」卻最受愛戴。

我在北卡住了三十多年，歷任的駐美代表或文經處長，我都有幸見識過。其中有不少是台籍，我發現有一個怪現象，就是凡台灣人當代表或處長，不管他怎麼拚，做得多好，總有人嫌東嫌西，挖他牆角。反過來，如果是當代表的或處長的是非台籍人士，同鄉在他們面前則表現非常謙恭，好像唯恐得罪他。我把這現象請教於高明，所得的結論是：可能同鄉覺得台灣人天經地義就該爲台灣人打拚、服務，平平是台灣人，我爲什麼要特別感謝。至於遇到非台籍的官員就不一樣了，你憑什麼要他對你好？他特別對你好，是施恩給你，所以你要飲水思源，感激他，擁護他。

姑且不論上述的講法是否正確，但想一想，爲什麼碰到非台籍人士就必須放棄自己的母語而講對方的話，聽到外人幫我們罵我們的敵人（請注意他們還沒有出手幫我們打架），我們就感激零涕，恨不得拿出心肝給他們看。請問美國人碰到我們時是否對我們講台語？碰到我們罵伊拉克或其他敵人時，他們是否特別感恩？沒有！因爲他們知道你已自動認同他們與他們結成共同體，這是美國人的信心。

請問台灣人的，在那裡？

許多人嘲笑不少台灣人不是奴隸性重，就是「頭殼破一孔」，不然怎麼會選那些不認同台灣人的人當總統、省長、市長或什麼委員?他們拿台灣的金錢，損台灣人的頭殼，台灣人卻嬉皮笑臉說謝謝。

這種心態不是很奇怪嗎?

敢做就要敢擔當

──也談游月霞、李慶安

今年三月二十八日在台灣是一個非常轟動的日子。因爲當天立法院有二位「出名」的立委有「突出」的表現。第一位是國民黨的游月霞在立院質詢時大發雌威，大罵不在場的陸委會主委蔡英文，說她是「老處女，嫁不出去一定有問題，這種人的心理有問題。」順口又罵呂副總統是「苦瓜蓮（臉）」。她罵得眞爽，但聽的人不爽，尤其是婦女界更不爽。游立委恐怕衆怒難犯，掙扎幾天後，終於出來道歉。

另一件是台北地檢署宣佈曾轟動一時的「舔耳烏龍案」偵察終結，親民黨立委李慶安及鄭可榮接獲不起訴處分。李慶安感謝檢方「明察秋毫，還給她一個公道」讓她相當欣慰。她並表示，她在處理本案的出發點絕對是爲民申冤。

游立委敢在堂堂的立法院大放「傑」詞，可能居於二個理由：立法委員質詢的言論免責權；民主國家人人有言論自由權。幾天前，美國 Dixie Chicks 搖滾樂團的首席歌星緬恩絲（Natalio Maines）在英國倫敦演唱時，告訴在場聽衆說：「我以與布希總統同來自德州爲

恥」話一傳出舉世譁然，尤其美國的反應最爲劇烈。她們的唱片音樂會被砸、被退、被停，許多電台也停止播放她們的音樂。緬恩絲所持的理由與游立委相同，即言論自由，美國晨間有名的費爾醫生（Dr. Phil）的電視節目，他向在場的反戰人士說：「我百分之百支持妳自由言論的權利，但我要提醒妳，自由言論所帶來的影響及後果，妳是要全然負責的。」全場觀衆熱烈鼓掌讚同。

據說李慶安長得美，嘴巴又甜，很得人緣，常獲民調最得衆望的立委。在「舔耳烏龍案」發生後，她發現有了很大錯誤後，馬上痛哭流涕向被害人道歉，並求原諒。她的果斷獲得不少同情與諒解，但這次台北地檢署不知根據什麼，宣佈不對她起訴。她感激之餘說，這是「還給她一個公道」。我們不曉得她所謂「還給她一個公道」是什麼意思，難道她濫用「調查權」（是屬於司法院不是立法院）把無辜的人整得幾乎身敗名裂，受害人爲維護他的權益，把她送到法院法官評評理，這難道冤枉了她？其次她犯了表面上如「春鴨划水了無痕」，其實是非常嚴重的錯誤。那就是她有意無意地把「歪理」變成「正理」，把「錯」合理化爲「對」。她說：「在處理本案的出發點絕對是爲民申冤」她這一句話說得堅決又誠懇，相信沒有人會懷疑她，或說她的出發點有什麼不對。問題是出發點或動機是對的，並不是此後所言所行便不會錯。譬如說一個父親去搶商店，因他愛他的小孩，但他的小孩正餓得要死。一個男朋友拿槍把一個酗酒而肇禍的司機及全家殺死。因爲他認爲酗酒的人不應亂開車，把他心愛的未婚妻撞死。許多民族主義的偏激分子，宗教的狂熱分子，是不是祇要高舉「愛國」、「愛神」

的招牌就可以任意殺人放火？這種可怕的是非觀念及歪理邏輯，古今中外不知已害死多少人，造成多少悲劇了。我們如不加以改正，二二八事件、天安門事件或許會再度重演。

寫到這裡，我不由得想起幾個月前美國國會議長拉特（Trent Lott）在杜爾曼（Strom Thurmond，是有名的種族分離主義者）的生日會上說：「如果一九四八年，杜爾曼當選美國總統的話，今日的美國就一定好得多。」這好像是一句很普通的恭維話，也不是在國會上講的。但消息一傳開，四面八方抗議聲不斷而來，他雖屢次公開道歉，但民怨仍未稍戢。最後他祇好鞠躬下台，黯然離開經營很久得來不易的崇高職位（總統如不能視事時，他是第二順位繼承人）。

這種敢做敢當的人，台灣有幾個？

施明德 敬請歸隊

三月十七日在網路上看到「捕快劉展華退休，欽犯施明德相送」的新聞標題，並附上一張英俊瀟灑，親切欣喜的握手合照。

我未曾親眼見過施明德本人，但常聽說他是二十多年前轟動一時的美麗島事件的主角。他爲台灣的民主運動受過苦，也坐過牢。他曾受到人們至高的關注及尊敬，所以當他從監牢出來，他就衆望所歸登上民進黨的黨主席，並任幾屆的立法委員。至於劉展華是何許人也？在看到報導以前，我對他完全陌生，報導說他是法務部政風司長，因無法接受法務部長陳定南的批評憤而辦理退休。陳部長早不批准，晚不批准，偏偏選定最令台灣人傷感的二二八批准。又說「劉在白色恐怖時期，負責政治偵防，曾經偵辦過柏楊、施明德、盧修一、黃信介等政治案件，及經濟犯罪的翁大銘等人。」

有這麼一萬不共戴天的冤仇，二人一定盡量避免「狹路相逢」，見了面也一定「分外眼紅」。但有趣的是，施明德居然以神祕嘉賓的身分現身會場，不但沒對曾抓過他、送他及許多同志進黑牢的劉展華怒目相視，反而親切熱情地握住他的手說：「當時你是『官兵』，我

是『強盜』，你盡做『捕快』的責任，我盡朝廷欽犯逃跑的本分，如果當年你不認眞抓我，我還看不起你呢！」讓劉展華一時「感動得說不出話」來。

我對施、劉二人都不熟，不敢亂批評他們。我僅對這件意料不到的事，提出個人的感受。

首先，「強盜」絕不是好名詞，它是指搶劫、殺人、放火、殘暴不仁的行爲。請問如果施明德自認自己及其他同志是強盜，那麼他及同志所進行的民主運動，全是強盜行爲了？這不但對自己及同志，也是對所有愛民主、爭自由的人士的極端蔑視及侮辱。這豈是一個民主運動先驅者應有的言行？

其次，做了「官兵」並不意味其所行因完全遵照命令、法規，就可以免去刑責；就像德國的蓋世太保雖是遵命行事，但其濫殺無辜、傷天害理行爲並不能得到赦免。今天我們都知道柏楊、施明德、盧修一、黃信介等人被關進黑牢是被強加無妄之罪，而給他們帶來無妄之災的人，就是劉展華及其同路人。對這種害人的鼠輩，我們不人人喊打已夠寬容了，那有不請自來，還對劉展華的表現予以肯定的道理？

我們不能否定施明德當年對台灣民主運動的貢獻及犧牲，但我們對他的一些言行感到迷惑。我們姑且不問他爲何離開與他同患難共艱苦多年的美籍髮妻艾琳達，但我們要問他爲何離棄他辛辛苦苦建立，又領導的民進黨？爲何與昔日宿敵及泛藍派開始眉來眼去？是不是他覺得台灣選民虧待了他，讓他競選立法委員連任以低票落選，又使他競選高雄市長的美夢成空？

施明德曾經是台灣人心目中的英雄，我們不要他離去，我們希望他回來跟我們作伙為台灣光明的前途打拚。

不必與小丑共演醜劇

——論「評鑑」張富美吊車尾

十一月三日親民黨籍立法委員周錫瑋公佈一份國民安定聯盟三十三位立委對部會首長評鑑結果，分數最高是環保署郝龍斌，分數最低是僑務委員會委員長張富美。張富美聞訊氣急敗壞，當日下午即召開記者會表示「感到很難過」、「非常不能接受」，尤其在操守上得分只有四十六，她認爲，這對她是很大的侮辱。

她自辯說，「她從小任何考試都是第一名，當過班長與模範生，亦保送台大、全額獎學金出國留學」，自主掌僑務委員會以來，「她百分之百投入工作，自己一個人在台灣，每天工作量起碼十四個小時以上，週六與週日照樣上班，她出國不帶隨從與祕書，也沒有隨扈」、「她在任內已經建立起駐外人員與僑委會內部人員內外互調制度，僑委會在今年行政機關推動電子公文績效上被評爲優等，她是第一位配合政府招商政策從海外找來高科技華人回國投資的僑務委員長。華僑會館每年原需花費新台幣三、四百萬元的費，每年還虧損一千八百萬元，今年順利出租外，鼓勵民間接辦，現在每年不但不必賠錢，還可以從世新大學拿到四千

一百萬元的權利金。」

張富美爲一吐心中怨氣無可厚非，但如要爲此「爭一口氣」，讓對方改變心意和態度，則不值得。

一個故事說，從前有一主人帶一僕人出門，兩人在一家餐館吃完飯後，主人拿到帳單時一直瞪著僕人看，看他毫無反應，只好忍氣去付款。出門後，僕人照例挑著行李跟隨主人身後走。主人回首大罵：「怎麼要死不活走在後面，當起老爺來？」僕人聞聲疾步走在前面。主人卻厲聲吼住：「好大膽，竟走在前面，莫非要我當你跟班？」僕人不得已慢下步子與主人同行，主人怒氣沖沖把他推開，喝道，「好小子，竟然目中無人，想與我平行。」僕人愣在一邊，手足不知所措，不安地說：「主人呀！你到底要我怎麼樣呀？」主人摔頭大吼，「別裝傻，還不快把飯錢拿出來！」

當一個人在找碴時，對方的舉止，是非曲直往往不是重點，而是看自己的權益是否受損。明白此，想與不講理的人說張富美自上任以來，其優越的表現，平易近人的作風，海內外有目共睹，並予高度肯定。尤其新官上任一把火，把那些「左右逢源」的「牆頭草」人燒得土頭灰臉，她的氣魄豈是「唯唯諾諾」的前諸任委員長所能望其項背？那些吃過甜頭，口口聲聲忠貞愛國的人士一旦仕途被阻，財源被斷，權益受損，他們的「西瓜偎大邊」的心態便表露無遺。誰擋了路，誰就成爲他們醜化、打擊的對象。

張富美不必爲「沒良心」的話所傷，千萬不能因爲「難過」而生氣下台，否則就中了對

方陰謀詭計。如果眞的氣不過，或許可以考慮「以其人之道反制其人之身」，公布這些評鑑委員的名單及故事內容，讓全國人民也來評鑑他們吧。

大衛馬丁 老而彌堅

今年七十七歲的大衛‧馬丁（David Martin）是我們北卡首府洛麗（Raleigh）及鄰城佳利（Cary）的著名傳奇人物，也是我們夫妻事業中的大貴人。他一生的奮鬥史及奇特的性格，使他的故事更爲生動感人。

我認識馬丁，說來也蠻富傳奇。

一九七八年，我們夫妻爲小孩教育的需要，決定從北卡東部搬到柯利。太太曾在台灣開過裁縫店，來美又在州政府當過服裝設計師，因此想在這新興的城市開改衣店。我們來到當時柯利唯一的Mall（購物中心）參觀。當我們在走廊上瀏覽時，突然有一位穿格子襯衫、牛仔褲打扮的瘦而結實的中年人走近向我們問候。當他聽說我們想在Mall裡找店面，他很熱心地介紹這個Mall及這個城。但最後他說：「可是Mall目前沒空位。」他頓了一下說：「不過，如果你們明天再來，我們會設法給你們找到一個。」可能他看到我們狐疑的表情，他馬上笑著說：「哦！剛才忘記自我介紹，我叫大衛‧馬丁，是這個Mall的主人。」

第二天我們按時前往，只見馬丁仍穿著工人服在走廊末端一間大布店的大窗外，與另一

工人拉著尺量來量去。馬丁見到我們，馬上笑盈盈走過來說：「我已和布店經理談過，要在她店外建一改衣店。她非常高興，認爲彼此可相得益彰。現在只要你們同意，我們馬上可動工，下星期你們就可開業了。」此後我們每天都去Mall，每次都看到馬丁率領幾個工人在那裡敲敲打打。果然，三、四天後一間小巧玲瓏的店便大功告成。如此，我們在Mall裡開了八年。期間，換了四次店從三百平方呎增到二千二百平方呎。一九八五年，我們向馬丁購買Mall正對面的半畝地，建了還像樣的獨立屋，並擴大經營，開了一連串的連鎖店。

由於與馬丁常見面，大家變得很熟，彼此也無話不說。有一次我問他，爲什麼我們第一次見面便幫我們大忙？他說：「很簡單，因爲你太太早年家境很窮，我也是。」我開玩笑地說：「你在這黃金地帶建了這麼大的Mall，而你又那麼年輕，誰相信你是窮人出身的？」馬丁拍了我的肩膀說：「我十歲來到洛麗時，可說是全城最窮的小孩。第一天上課，我和弟弟繳不起午餐費，只好花五分錢買一小塊甜蜜包，一人吃一半。我十一歲便得到處打工養家，家庭一半以上的收入是我承擔的。我早年喪父，母親改嫁，但繼父不久又過世。在鄉下活不下去，才搬來柯利。爲了生活，我什麼都做。到農田摘玉蜀黍、果園採草莓、趕驢子運貨、剪草、洗衣服、燙衣服，甚至替人剪頭髮。只要我能做的，能賺錢的，不管工作多髒多賤我皆不推辭。有一次，聽說養雞場要把五十隻病雞丟棄，我馬上去接回來，細心地照顧，結果有四十八隻恢復健康，讓我賺了一小筆錢。」

我讚道：「沒想到你那麼偉大。但你是怎麼從賺小錢變成發大財？」馬丁謙虛地說：「什

麼發大財？我除了擁有一些房地產外，我身邊可沒有什麼錢呀！我有今天可說全是上帝憐憫我，賜給我的。我很慶幸有健康的身體及對房地產特別敏感的『嗅覺』。當我把辛苦賺來的錢儲存夠時，我便去買舊屋翻修，然後出租、出售。等積了更多錢時，便去買土地建公寓，再以成功的公寓做抵押去貸款買更大更多的土地。我當初來柯利時，人口才二、三千，沒有想到搖身一變，在二、三十年間，人口增約三、四十倍。我當時以不算低的價錢買了介於洛麗及柯利交界，一號及六十四號公路旁的七十八畝地，也就是現在的Mall及附近的地。買了不久，州際公路I-40從這裡經過，聞名全美的科學園區也開始興旺，柯利也從小鎮變成城市，使我這塊土地增值六、七百倍，我沒高深的學問，也沒超人的技能，我只憑上帝賜給我的本能加上勤儉及幸運而已。」

談到勤儉，在我認識馬丁將近三十年期間，除了很少的場合外，他幾乎整年都穿格子上衣配牛仔褲，這簡直變成他的「註册商標」。吃的方面，他也很節儉。他幾乎每天都到Mall旁邊的自助餐廳吃「儉便餐」。記得二十多年前，有一次他帶我到外地參觀一家Outlet Mall，爲了想找一家便宜的餐館，他到處繞。找到後，他點的菜簡單又少，簡直不及我的一半。他解釋說：「飲食節制是健康之道，酗酒是罪惡之源。」所以，凡要在我的Mall開店一定不准賣酒。

「這點我的東方人租戶，像你及亞洲商店、北京飯店、冰淇淋店都比較好，既沒酗酒服毒的惡習，又肯守法準時交租。」

幾年前，我剛買一輛新車，他在我的車旁邊看了又看。我問他是不是也想買部新車？他猛搖頭道：「我一生從未買過一部新車子。車子只要好開又省油就好了。幹嘛花冤枉錢買新車，然後隨時隨地緊張兮兮怕別人碰撞。我的車到處丟，從來都不擔心。

或許有人認為他對別人可能也不會大方。是不是我不敢說，因為我的確不知道，但我確實知道他對宗教的奉獻很慷慨。他幾十年來一直在Mall裏保有一間最好的店面，專門讓暫時沒教會可去的人聚會做禮拜，全部免費使用。我們台福教會也曾在建教堂期間使用過幾個月。他也為他歸屬的浸信教會捐出價值二百萬美元的土地建教堂。

馬丁不僅節儉，而且非常勤快。他今年已七十七歲了，除了仍對房地產有興趣外，每天還是「馬不停蹄」到處敲敲打打、修修補補，一副工人的樣子。前幾天我在餐館，不，應該說是自助餐廳，碰到他時問：「你已快八十歲了，何時才退休？」他說：「什麼退休？我從小動慣了，不動等於死，你以為我衰老不堪了嗎？」說完他捲起右袖給我看一個小疤痕。他大聲說：「你知道這是什麼嗎？這是兩年前，我七十五歲時在拉利一個大停車場，為抓住一個搶劫婦女皮包的黑人男子所留下的痕跡。」

我很驚訝地問：「到底發生什麼事？」馬丁帶得意的笑容說：「二〇〇三年四月十二日，我駕車到 K-Mart 的停車場，忽見一婦女一面追趕一中年黑人，一面尖叫：『他搶了我的皮包』。我立即驅車追趕，那人見我迫近便轉身要翻牆過去，我車一停，躍身而上抓住他的一隻腿。他掙脫不得，忽然反身咬住我的右臂不放，想逼我放手。我忍痛緊抓不放。掙扎間有

人過來抓住他的另一隻腳，於是我伸出左手以雷霆萬鈞之勢擊中他的右頰。他不但口放鬆，而且整個人都癱瘓到地面上了。儘管我的右臂血流如注，我仍與路人合力把那劫賊徹底制伏，等候警察把他送到監獄。」他稍喘口氣再說：「我在中學時得過短跑冠軍，但我覺得這次比年輕時跑得更快，出拳更重。你說我身體不夠健壯？應該退休嗎？」

我連答：「你還很健壯，很健康。不過，我想不通，一個七十五歲的老翁，家產千萬的富翁，如何在一瞬間產生那麼強烈的爆發力，奮不顧身去勇救弱女呢？」

馬丁嘿嘿地笑：「要是你從小滿腦子的神經線都緊繃繃充滿了正義，一旦有人觸動了它，它就自然而然、無法自制地爆發出來。而這種爆發是不隨年齡增大而稍減的。」

馬丁可能看到我夫妻倆聽得目瞪口呆，忽然提高聲調說：「故事還沒完，好戲還在後頭哩。」他稍微停頓再繼續說：「我被咬後，立即到衛生局要求對劫賊檢驗，看看他是否帶有傳染的 B 型肝炎。豈知那些官員說：『你不是警察又不是執勤公務員，我們沒權強迫他檢驗。倒是你需要檢驗，因爲你的血液流進他的口裏』。我一聽幾乎氣炸，是非情理法豈能如此倒置，今後還有誰敢見義勇爲？我立即找了很多人輪番向衛生局抗議。衛生局看人多勢強，最後自找階梯下說劫賊已同意自願接受檢驗。唉！劫賊易擒，官僚難制。但最後我還是贏了。你們說我老了，不中用嗎？」

我們連忙站起來鞠躬說：「你眞是寶刀未老，老而彌堅，可佩，可佩。」

馬丁就是這樣的傳奇人物，世上能找到幾位像他這樣的人？

（後記）：馬丁爲了證明他所言不虛，第二天特地叫人送來「News & Observer」及「Cary News」的有關上述故事的剪報。

一位可敬的朋友

我很幸運，有許多可敬的朋友，在北卡這裡就有一位。這個朋友是很謙虛的人，常常連好事也不張揚。咱們似乎有一個習慣，即人活著或還在身邊時，常不願開金口說好話，總是等到那個人「聽不到了」，才「呱呱叫」或「口水與淚水」齊流地哭訴。我們應該改變這不太令人恭維的習慣！

我這位朋友是醫生，是位可敬的醫生，他絕不是「視財如命」、「草菅人命」或「藥到「命」除」的庸醫或「衣牲」。他對病患細心又關心，對貧困的病患也常免費施醫。他不但治療身體的病痛，還拯救靈魂的失落，常為病患禱告、講道，這不是一般醫生所能做到的。

醫生是繁忙的行業，這一行不分晝夜、上班下班，週末假日，只要病患臨時「反症」或「危急」，就得出診。許多醫生出外常「機」（手機）不離身，就是隨時準備接受「應召」，其精神負擔是何其沉重啊！但這位朋友卻又比絕大多數的醫生多一層負擔，因他有位體弱多病的太太，她不但無法料理家事，連她自己的生活起居都難以照顧。十多年來，這些裡裡外外的額外重擔，只有醫生朋友一人承擔，沒有外人的幫忙。更令人感動的是，他從不向任何

人哭訴或埋怨，每次談到太太，他只有心存感激，因爲如果沒有她的帶領，他就無法認識耶穌基督而獲得「重生」。要一個人吃苦不難，但要他吃苦而不埋怨就不容易，若要他吃苦不埋怨還要心存感激，則非有過人的胸襟及修養不可。

上述講過，這位醫生朋友要照顧病患，也要照顧多病的太太。此外，他還有一個更重要的任務，即是服侍他所仰信的神。爲此，每天不論多忙多累，他一定要拜讀聖經及相關的書籍，以期自己的靈修能長進，講道時能引經據典，應用自如。他是客家人，爲要以台語傳道，他每天勤學台語，數十年不輟，如今他的台語已講得「頂呱呱」，幾乎無懈可擊。常聽人說：「只要我有空閒，我一定認眞學習，但似乎永遠找不到空閒。」他是那麼忙的人，居然能找到「美國時間」，修得一身好學問，實在令人敬佩。

然而，這樣可敬的人、如此虔誠的信徒，神卻在五年前奪走他的愛妻。經此打擊，他非但沒怨天尤人，反而信神更誠，感恩更切。他每星期有三、四天分別到各地帶領查經、禱告，星期天在教會領主日學及講道，數年如一日。這種非凡的信心，大概只有眞正蒙恩蒙福的人才有的。

去年他把房子賣了，又把診所關掉，人們以爲他功成名就，退休享清福去了。最近，謎底揭曉，才知道他不是要退休，而是神賦予他新的使命——回台灣造福同鄉。他準備今年六、七月到南台灣的恆春行醫傳道，而與他同行共赴聖業者，是教會裡一位美麗賢淑又虔誠的姊妹。

講到這裡，該知道我這位朋友是誰了吧？如果你仍猜不出，那麼你聽過約一千年前宋朝的范仲淹吧！他的姓名及抱負，和范仲淹都很相似，他叫做范正彥。

就讓我們一起爲他及他的新婚夫人吳琤琤祝福吧！

鍾「跛」士

——這是活生生的故事，道來充滿苦樂辛甜——

數十年前，台灣中壢鎮有個姓鍾的客家人，因貧窮而住在窪地上的小房子。那窪地原是堆放垃圾及動物屍體的地方，後來填土蓋了房子。可能由於地方偏僻，荒涼，晚上常有怪聲怪影出現。鍾家住進不久便逢怪事連連。他們的大兒子在一個有月亮的晚上，窗上出現怪聲怪影，便忽然無緣無故抽搐而死。其屍體傾刻間便萎縮而不成人形。不久，第二個小孩也同樣的遭受而夭折。經過這樣大的打擊後，他們對第三個小孩就格外小心、愛護。每晚母親總把他抱在身上睡覺，直到他五歲搬離小屋爲止。因此，這小孩從小嬌生慣養，什麼事都不做，祇有飯來開口，衣來伸手，長大後從外鄉娶了一個台灣女郎，生了一個兒子，名叫鍾和安。他就是這故事的主角。

鍾父有了這個兒子後，幾乎整年都在外鄉遊手好閒，無所事事，以致鍾和安稍長後仍不知有這個爸爸。鍾媽媽在鍾家的地位簡直連童養媳都不如，她不但要打掃裡外、洗衣、煮飯、

下田種植，還得侍奉公婆，照顧全家的小孩。如稍有怠慢或不合公婆心意，打罵就來，有一次她在廚房裡忙時，一個稚齡的姪女從餐桌跌下來，受驚嚇而大哭，婆婆見狀，不分青紅皀白，順手拿起一隻竹管子便往她頭上猛打，打得她無法招架，以致耳朵出血。當時鍾和安才八、九歲，站在旁邊淚涔涔，看著她媽媽被毒打而愛莫能助，祗有大叫大哭乞求阿嬤住手。事過半個世紀，他的記憶猶深，心創未癒。

鍾和安十歲時，他陪母親上山撿柴，不知何故，他突然昏倒在地，並且發高燒。他母親發覺後，驚慌地抱他下山。他昏迷數天，右腿上端一直腫脹。他母親日夜伺候，並哀哭不停。因鄉下找不到醫生，又太窮了去不了城裡看醫生。後來七請八請才請到要走二小時路程的外地人來診治。那人看鍾和安瘦得皮包骨，氣如遊絲，也慌得不知所措。在情急下，他草草在那隻腫大的右腿劃了一刀。這下子麻煩可大了，祗見鍾和安血流不止而昏死過去。那人見狀，嚇得不敢收錢，一蹓煙逃得無影無蹤，從此再也見不到他。後來才知道他原來是「赤腳仙」，根本不是什麼醫生。他一走，鍾媽媽慌得六神無主，手足不知所措。後來聽說觀音菩薩巡過鄉，她趕快去找廟公乞求觀音菩薩的聖像暫時送到她家來供奉。當觀音菩薩聖像到家時，鍾和安連拖帶爬跪在聖像前祈求醫治。說也奇怪，當晚鍾和安要睡覺時，忽然看見觀音菩薩的聖像大放光芒，然後他發覺一陣熱流往他身上鑽進來。不久，他就沉睡過去了。第二天他醒來，他傷口開始不停流出大量的膿。他一方面很害怕會流血過多而死；一方面卻覺得身體越來越舒暢。等膿血流光了，他也如釋重負，精神清爽來。幾天後，他的傷口神奇般地的癒合

了。他母子高興得抱頭大哭，說是觀音菩薩救了他的命。

在鍾和安腳疾復原期間，他的級任導師非常關心並常來他家探訪。知道他傷口癒合但仍不能走路，便自動每天早晨來家背他走三十分鐘的路去上課，下午再背他回來。三個月如一日始終不輟。這對歷盡人生慘痛、冷酷的母子是無比的溫馨，也帶給他們對人生的新希望。

鍾和安很喜歡念書，又很會念書。他小學畢業後以優異的成績考上中學。那時國民義務教育僅六年而已。他要上中學即意味得付學費，並且得離鄉上城市。但鍾家卻以家裡缺人手，又沒錢而反對他上中學。

這時鍾媽媽勇敢地挺身而出，誓死不讓她的兒子輟學。她認為她的一生希望寄託在這兒子身上，希望他能為她爭一口氣。於是她帶著鍾和安到台北給人幫佣，掙錢讓他上學。他們一起住在主人家。但主人小氣刻薄，不給他們房間住，而讓他們睡在走廊上。晚上不能掛蚊帳，以致每晚都被蚊子叮得難眠，第二天臉上及四肢佈滿了「紅豆」，眞難受。但這苦難還不是盡頭，最悲慘的是，有一天主人突然發現她的金手飾不翼而飛了，便一口咬定是鍾媽媽偷去，鍾媽堅決否認，女主人便把她扭送警察局。警察嚴厲盤問不得要領，氣得惡從膽邊生，把鍾媽直抓去灌水逼她招認。鍾媽認為清白比生命重要，也不屈服，於是鍾媽被整得死去活來。警察最後怕鬧出人命，衹好狠狠地把她趕回去。鍾和安看到母親被冤枉，又被整得不成人形，感到悲傷哀痛不已。但他才十幾歲，那麼窮，又舉目無親，叫天天不應，呼地地不靈，使他深切感到自己無能及無奈。他有時想到去把他們全家殺掉，然後自己自殺。但想到母親

日後怎麼活下去？他祇好忍氣吞聲偷生下去。後來，女主人發現偷竊者竟是她自己的女兒，而向鍾媽道歉，但被踐踏過的心靈創傷，豈是一句「對不起」所能治癒？

如此，年年難過年年過，鍾和安終於在半工半讀下完成大學教育，並順利進入一家頗具規模的礦業公會工作。由於他謙恭有禮，工作認眞，很得上下的愛戴。有一天，王董事長特別召見他，問他要不要當家教賺點外快，因爲他女兒王采芝需要加強英文，以便他日出國留學。鍾和安本來就喜歡教書，何況教頂頭上司的千金，他樂得全力以赴，施出混身解數。如此，一天又一天，一年復一年，師生朝夕相處，耳鬢斯磨，竟磨出愛情火花來。等王采芝要畢業那年，他們的愛情果實也就成熟了。但下一步怎麼進行呢？如何向王董事長啓口呢？鍾和安自小貧窮，又遭父親遺棄，他又生得消頰瘦身，加上跛腳使他自卑感很重。反觀王采芝長得如花似玉，芙蓉出水那麼清秀高雅，而她的家世又是巨賈望族那麼高不可攀。他要憑什麼贏得佳人歸？但愛情是不怕死的，更不怕艱苦。鍾和安終於鼓起勇氣向王董事長開口了。王董事長一聽如五雷轟頂，一時愣住，等了一會才緩緩地說：「鍾先生你學問高，人品好，工作認眞，是很好的職員。但你要我把獨生女交給你，你有沒有想過自己的年齡及殘缺呢？你如何保證她的終身幸福呢？她才畢業，還未見過外面的世界，還是稍等一會再說吧！」等？要等到什麼時候？是王董事長的「拖刀計」？說不定娶不到佳人還要捲鋪蓋走路？會不會中途跑出個「白馬王子」把佳人搶走？他每天胡思亂想，疑神疑鬼，緊張兮兮，慌恐不可終日。他覺得「等待」是一種殘酷的「凌遲」，簡直比死還痛苦。他時時刻刻盯著王采芝，也常常

暗中禱告，希望觀音菩薩慈悲到底，成全這樁好事吧。如此度日如年過了半年，有一天王董事長召鍾和安去講話。鍾和安聞言兩腳幾乎軟下來。這是他生死時刻，緊張得心臟快停了。王董事長嚴肅地問：「你能保證采芝今生快樂幸福嗎？」鍾和安畢恭畢敬回答：「我一定全心全力不使您及她失望。」王董事長頓了一下說：「好，既然如此，我就成全你們吧！」這是鍾和安一生所聽到最美最妙的一句話。

後記：許多傳統的愛情故事或小說寫到「有情人終成眷屬」，便擱筆不寫了。至於日後他們是苦是樂？是順是逆？是生是死？全讓讀者自己去想像。但這故事不一樣。事情已過三十多年，主角全都活著。相信讀者急切想知道他們婚後至今的情況。那麼讓我來點後續吧！

鍾和安，王采芝結婚後不久便生了兩個男孩。一九七一年鍾和安順應留學潮來美鍍金。學成後在美國北卡東部一小城的社區大學執教，並把母親接來奉養。不久先與友人合開餐館，後獨資經營。鍾和安白天教書晚上當老闆，王采芝也捨金枝玉葉之身而兼廚又掌櫃，把店業做得有聲有色。有一天鍾和安因疲勞過度把車子開進樹林，僅寸餘之差倖免大難。驚魂甫定，人生觀大變，毅然返校再做學生。他半工半讀，奔波無數，費了五年才拿到博士學位。謙虛的他，每當有人尊稱他爲「鍾博士」時，他自謙爲鍾「跛」士。此後他仕途風順，節節高升，終於當上該校第二高位教務主任，直到退休。退休之日，舉校師生歡送，極盡榮耀。現今兩人移居西雅圖與親人毗鄰而居。平日活躍華人社區當義工，偶而返台協助發展社區教育，過著快樂幸福的人生。

有人問鍾和安，他一生最感恩的是誰，他毫不思索地說一是他母親，因她給他再生的生命並給他於百難中受到高等教育；另一個是王采芝，因她給他人生最珍貴的尊嚴，及最寶貴的關愛。有人問王采芝，三十多年來，她對鍾和安的感受如何？她羞赧地說：「他不是完美的人，但他的善良、誠懇、重情義，我是沒有什麼可挑剔的。他信守當年對我父親及我的諾言，這點我很感激也很感動。」

好花當開

這是最近發生在北卡三角科學園區一位華裔美人的眞實遭遇，她如燦開的櫻花的成功令人欣羨，而她的猝逝慘死，引人唏嘘悲忿。

一九九一年春，一位笑容可掬，充滿活力的少婦踏進我的店——Lee's Tailor Shop，以生硬的英語向我尋問，她是否能在此工作。當我以華語回答後，她很興奮，帶著上海腔的華語說：「哦！我們可以用咱們熟悉的話交談眞好。用英語講話實在太彆扭了。」我問她是否有工作經驗。她說實際工作經驗是沒有，但在家裡縫縫補補倒是常做。她說她很喜歡做裁縫，並認爲這行業在美很有前途，並給我戴高帽說，我開了五個店就是最好的證明。她目前在中國餐館打工，雖然收入馬馬虎虎過得去，但她不喜歡此行，覺得工作又長又雜。我說我們這裡沒有訓練計劃，所有員工都是有經驗。她懇求說祇要讓她進來，打雜清潔都願意，而且免費，我一直推，我不能破例錄用她，但她卻不屈不撓地向我遊說。最後我被她的誠懇感動，而對她說：「如果妳能通過我太太那一關，我就試用妳。」我太太有三十多年的裁縫經驗，她試用一個人時，往往從她拿剪刀，踏紉機的姿勢及動作看得出來。半小時後，我太太出來

說：「她還可以。」她聞言高興得手舞足蹈，大聲叫好。就這樣，霍堅萍進到我店裏來。

霍堅萍講話快，動作捷，腦筋靈，膽子又大。當大家忙得無暇幫她解決疑難時，她就常有「驚人創作」，令人心驚膽跳。萬一不幸把客人「衣死」了，她絕不賴帳，並保證絕不再犯同樣的錯。就這樣她摸索前進，技術慢慢上升。她身體強健，整天工作一點也不累。就是她懷了第二個小孩時，她也一直沒怠慢下來，每天大腹便便不停地工作。她的肚子後來實在太大了，我有點擔心對她說：「妳要等肚子大到進不了門才停止工作或妳存心讓小孩生在我店裡？」霍堅萍說：「老闆，我一點也不累，又沒防礙工作，就讓我繼續工作吧！放心，我絕不會把小孩生在店裡。我早已和醫生談妥到產期到臨之前剖腹生流。我這個人最厭拖泥帶水，要生小孩就乾淨俐落，要我婆婆媽媽陣痛一二十小時才生，我是不幹的。」果然，有一天她沒來上班，第二天接到她從醫院打來的電話說，她已生完了，等過傷口復合她就來上班。眞的，過不了多久，她嘻嘻哈哈來上班了。有人問她，新生的小孩怎麼辦？她說她的公公看顧。「一個大男人怎能照顧妳的女兒及新生嬰兒，何況小孩誰餵奶？」霍堅萍說：「凡是經過文革鍛練過的男人，誰不會持家養小孩？只要老闆允許，我早上及下午各回家餵一次不就得了？我家離店不遠呀！我絕不會讓我小孩挨餓的。」的確，她不會讓她小孩挨餓。八年後，這小孩養得胖嘟嘟，活像小彌陀佛或小泰山——體重超過一百磅。

一九九三年，我的兩個小孩已成家立業，經濟上的負擔是減少了，但生意上也少了好幫手。那年又碰巧幾個朋友英年早逝，使我覺得人生無常，應把握機會安享人生。因此萌生退

休之意。霍堅萍聞訊非常高興，並一直鼓勵我早日把繁忙的重擔放下，輕輕鬆鬆到世界各地旅遊，享受含飴弄孫的天倫之樂。她又說，如果我擔心找不到合適的人接管生意，請放心，她可能佳的「接班人」。她說她不到三十歲就擔任過員工二三百人的工廠廠長，當過十大傑出青年企業家及全國三八婦女紅旗。她絕對有信心把自一九八五年以來每年膺選三角地區最佳裁縫店的響亮招牌繼續傳承下去。她說她全家幾年來省吃節用，存了一點錢，祇要我願意給她餘額分期付款，她就有辦法把店接下來。這將是她來美實現夢想的絕佳機會，無論如何她是不放棄的。她看我仍有一點猶豫不決，她又鼓動另一員工接買我另一家店。在她們不屈不撓的兩面夾攻下，我終於被說動而把兩家店賣給她們。

霍堅萍把店買過去後，才發覺在美國做生意不是她想像那樣輕易。她的英文雖經過三年的歷練，加上接客前「惡補」，勉強可以上陣，但離達到與客人水乳交融境界還有一段距離。她與客人常發生「雞同鴨講」的尷尬場面。幸好一般美國客人寬宏大量，加上霍堅萍對客人很親切又敢講，這問題隨時間慢慢改進。第二個問題是有些員工不能適應她的新作風而求去，以致影響作業。這時霍堅萍施展廣結善緣的長才，不久就聘到她所需要的人才。最後一個難題是她先生拿到博士學位應聘到西雅圖去工作，留下她，她父親及兩個稚齡幼子。她既要忙裡又得忙外，眞是蠟燭兩頭亮，非常辛苦。她先生勸她把店賣掉搬到西雅圖，但她堅決反對。她認爲天下沒有任何事情可以讓她半途而輟。她是經歷過大風大浪的人，目前的困難挫折絕不會使她灰心，就算剩下她一個孤軍奮鬥也要拚下去。結果，她不但不搬到西雅圖，反而把

她先生從西雅圖召回來幫她創業。在他們同心協力刻意經營下，他們每年仍膺選三角地區最佳裁縫店，而且在一九九六年，在本地最大的 Mall 開一分店，從此生意更飛黃騰達。

有了資金後，她便大膽做各項投資，舉凡房地產，餐館業，股票等她都揷上一手。由於風雲際會，手氣佳，她投資那項，那項就賺大錢。短短幾年間，她搖身一變，儼然成爲大陸人在此地最成功的女商人。她曾兩次上過北卡最大報的社會版，搬進佔地五畝，六千呎的大廈，可說她是名利雙收，成功得很。

霍堅萍交遊廣，又喜歡到處告訴人她有今天全是我及我太太所賜。我聽了太多就打電話告訴她，今後別再我臉貼金，她有今天全是靠她自己努力奮鬥而來的。她說她絕不是給我們戴高帽，而是說出她內心的話而已。如果一個人不感恩連貓狗都不如。她仍然「吾行吾素」，到處給我「造謠」，我眞是拿她沒辦法。有一次，在餐會上，她向我太太致歉說，她幾年來一直在商場上冒充李太太。我作弄她說：「妳不打自招，很好。妳揑造我「金屋藏嬌」罪當該罰。」她聞言端起桌上一杯酒，一飲而盡說：「謝罪了」。她喝了酒以後，滿臉通紅，嫵媚更加，話語更多。她說許多人問她「成功」的滋味如何？她說：「成功對她來說就是「承攻」「承」受「攻」擊。」她說她一直很單純地認爲一個人在美國憑著苦幹得來的成果，應是可喜並受尊敬的。但她所得的多是妒怨，謠言，簡直把她說成血吸鬼，害人精。她說這點美國人及中國人就有很大的不同。中國人那種狹心眼，長口舌的傳統陋習，不但沒易地稍減，反而因社交圈小而變本加厲。她每天從早到晚不停地工作，還要分心來應付這種場面，眞是

夠累。她希望早日賺足了錢，以便退休早離這個充滿是非的人群，早日脫離人生的苦海。此語猶在耳際，她竟然眞的脫離人生苦海到極樂世界去了。

今年夏天，霍堅萍帶著兩個小孩回上海省親一個月。回來後，她興致勃勃到處告訴人，上海太好了，她要趕快賺錢早日回上海定居。於是她計劃在北卡，甚至紐約要開幾家分店，她每天東奔西跑爲這個計劃催生。八月二十四日晚上七點半，她趁店未關門前，走到隔壁SEARS的修車取回送修的汽車。修車員說車已修好，但需要試車一下，叫她等幾分鐘，他出去轉一下就回來，於是她就站在門外的人行道上等。就在這時，一位五十五歲的白人喝醉酒，駕著車東撞西碰從她背後闖過停車牌以時速四十五哩把霍堅萍撞離三十五呎，再以頭部著地。因現場有人目睹，立刻召來警車及救護車。警察發現肇事者的血液酒精度比正常値高出三倍，立即把他送往監獄，救護車也立即把霍堅萍送到醫院，但車未達醫院前，她便已香消玉殞了。她丈夫季耀東接到車禍通知時，以爲只是平常的車禍，因霍堅萍開車時常心不在焉而碰撞。所以，他等把店關了後，才趕到醫院，沒想到她太太已死多時了。醫院也不讓他看她最後一面，說她臉部傷勢太嚴重了，暫時不能見人。

出事時是星期五晚上，報紙來不及第二天刊登，等到星期天刊登時，它就像一顆炸彈炸進這有名的北卡三角地區，特別是華人區。因爲這件事太悲慘太離奇了。第一，它是發生在車輛最密集的停車間，時速不能超過十哩，肇事者竟以四十五哩的時速直撞橫衝。第二，肇事者撞死人後，幾小時後便以簽署保證金五千元，沒激錢被釋放出來。第三，這個本地大大

的MALL對這件事竟然三緘其口，不敢作聲，簡直把本身利益看得比人命還重。對華人來說，還有一個疑問，是不是裡面存有嚴重的種族歧視。十一年前，這裡發生過轟動一時的「盧明希冤案」。盧被一白人錯手打死，白人卻被判輕罪，後經華人長期抗爭後，才得到較合理的判決。許多華人擔心舊事重演而紛紛仗義執言，向媒體表達嚴重的關切及抗議。結果第二天本地三大電視台及幾家報紙都大幅報導此事，而檢察官也決定以二級謀殺罪起訴。可恨的是肇事者從不向被害人表示悔意，反而以「嚴重沮喪有自殺之虞」而住進精神病院，過了幾天，他又以其所駕駛的車，曾在數年前因煞車失靈而被福特公司召回，想逃避嚴重的謀殺罪。本地最大報「新聞及觀察者」的記者歐達卡小姐（Dawn Watapka）向我電話訪問時，曾氣憤，堅決地表示，她一定盯住這案件直到得到司法的公平待遇爲止。

霍堅萍的葬禮，在孫秋秋教授及其他親友的籌劃下，於八月三十日在一華人教會舉行。到場參加告別式的中外人士有二、三百人。儀式中最令人哀慟的是，六十八歲的霍媽媽俯棺搥胸痛哭，使在場的人目睹白髮送黑髮的悲狀而紛紛掉淚。而霍堅萍九歲的兒子，懞懂不知人間悲苦，時時嘻笑向衆人招手，讓人更感到悲傷，失去慈母的幼子，將來日子如何過？

兩星期後，霍堅萍的父母及小弟在返回上海前，特地親自下廚，辦了滿桌的佳肴，以答謝協助籌備喪禮的親友。席間我問坐在左邊的霍媽媽有何感想？她以無可奈何的口氣說：「十多年來，我一直申請來美幫助堅萍照顧小孩，但總被以有移民傾向而被拒。沒想到這次不到五天就被批准來美了。但來的卻是看女兒最後一面，老天眞是弄人呀！不過，我不敢怨天，

也沒怨人。老實說，撞死我女兒的那個人是誰，長相如何我一點也不知道。就算想怪他，事情又有什麼好處。既不能讓我女兒復活，卻讓我長恨不絕，心創更深。我要一方面學基督耶穌寬恕他，另一方面我要以佛教的因果論來舒解心中的結，我請了許多佛教徒給我女兒唸經超渡，就是希望他們間的恩怨從此化解，不再冤怨相報。我們兩老日後的生活，堅萍早已有妥善的安排，可惜的是弟妹的移民夢粉碎了。而她兩個年幼的女兒及兒子，也因失去了媽媽而前途茫茫。」她噙著眼淚片刻後，才幽幽地問我說：「那麼，李先生你的感想如何？」

我想了一下說：「我先講一個故事吧。今年春末夏初，我在我店後邊的停車場上發現有兩株小野花，它們長得亭亭玉立，花枝招展。我非常驚奇它們是怎樣活過來的？太陽那麼大，柏油路那麼炙熱，生長的縫隙那麼窄，不被熱死也得枯死。但它們卻欣欣向榮，生氣活潑。我非常感動，非常佩服。幾乎每天一有機會就跑出去看看它們，向它們致敬。如此過了一、二個星期，它們仍長得好好的，於是我決定趁它們還健在時給它拍照留念。但第二天我拿照相機要去照時，卻發現它們被一塊人家丟棄的床墊活活地壓碎了。我看到這情景，一直跳腳大叫，悲忿不可言喻。嗚呼哀哉，天災地禍，害不死它們，卻在瞬間被粗心或惡意的人類所毀滅。霍堅萍日夜辛苦，努力編織自己的美夢，勞累難不倒她，謠言傷不了她，卻被一個酒醉鬼無端奪去她的生命，比起那兩株逝去的花，它帶給我的悲傷何只萬倍？」

霍媽媽說：「說到花，一個多月前堅萍在上海時就告訴我，她看到一片櫻花開得那麼燦爛，那麼壯麗，非常感動。她說生花當如此而不論其久短，比庸碌一生的常綠無花果強得

多。」

我舉目從朦朧潮濕的眼鏡望著霍媽媽及其後面的霍堅萍的遺像，我彷彿看到兩朵鮮麗，盛開的花。

附注：肇事者於二月十二日在森林中舉槍自殺，離他被告出庭僅一個星期而已。

智慧語絲

不要做錢的奴隸，要做錢的主人。

同時追兩匹馬，一匹也難追到。

對人要保持一定的距離，和多說好話。

哪裡有幸福降臨，哪裡就會有忌妒來敲門。

聰明人喜歡掩飾他的聰明，愚蠢的人總喜歡炫耀他的愚蠢。

聰明人不輕易發怒。

智慧的人向所有的人學習。

交朋友的時候你要先考驗他，不要急著信賴他。

話說多了，就是愚蠢的一種表現。

愛是欲望和感情的調和，幸福的婚姻，是由夫妻間心靈融洽的結果產生的。法作家　巴爾扎克

幸福的人是指生活得客觀的人，也就是擁有自由的愛情和廣泛興趣的人。英哲學家　羅素

幸福的祕訣，並不在努力於獲得快樂，而是在努力中發掘快樂。法　作家　紀德

這世間眞正的幸福不是接受，而是給予。法　作家　法朗士

世上的事什麼都能夠忍受，但唯有一連串幸福的日子，最難忍受。德　詩人　歌德

一連串的不幸，會使人變成狼。瑞典　作家　史特林貝利

幸福的人常是善人。俄　作家　杜斯駝夫司耆

幸福眞正的名字是「滿足」。法　作家　史特林貝利

不幸，那是對人類生活的試金石。英　詩人　索烈嘉

只要有生命就有希望。西班牙　作家　雪爾邦狄斯

希望，是不幸人家的第二靈魂。德　作家　歌德

沒人不曾碰到過好機會，只是沒抓住了它。全　卡內基

懼慮，是粉碎人類性格最可怕的敵人。英　培根

生命是一篇小說，不在長，而在好。